Kirche als Beruf

Begleiten – Beraten – Heilen

Herausgegeben von
Andreas Hess, Wunibald Müller und Lorenz Wachinger

Die praktische Theologie ist herausgefordert, ihren Kontakt zur modernen Psychotherapie einzusetzen: In der Pastoralpsychologie verbinden sich christlicher Glaube und psychologische Erfahrung. Der Impuls Jesu verpflichtet uns, seine frohe und heilende Botschaft heute so zu verkünden, daß sie die Sorgen und Nöte der Menschen aufgreift und zu lindern versucht. Inhaltlich und äußerlich bunter und erweitert setzt „Begleiten – Beraten – Heilen" die erfolgreiche Reihe „Heilende Seelsorge" fort. Sie vermittelt psychologisches Wissen, Praxisreflexionen und konkrete Hilfe für die Seelsorgsarbeit und die persönliche Lebensgestaltung. Sie macht Mut zu heilendem Reden und Handeln und spricht alle an, die sich in pastoralen und caritativen Arbeitsfeldern engagieren und die psychologischen Erkenntnisse und Erfahrungen für ihre Arbeit und für ihr persönliches (Glaubens-)Leben nutzen möchten.

Kirche als Beruf

Neue Wege jenseits falscher Erwartungen

Herausgegeben von
Norbert Schuster und Ulrich Moser

Matthias-Grünewald-Verlag · Mainz

Prof. Dr. Josef Müller zum 65. Geburtstag gewidmet

Der Matthias-Grünewald-Verlag ist Mitglied der Verlagsgruppe engagement

Die Deutsche Bibliothek – CIP-Einheitsaufnahme

Kirche als Beruf : Neue Wege jenseits falscher Erwartungen / hrsg. von Norbert Schuster und Ulrich Moser. – Mainz : Matthias-Grünewald-Verl., 1996
(Begleiten – Beraten – Heilen)
ISBN 3-7867-1939-X
NE: Schuster, Norbert [Hrsg.]

Umschlag: Harun Kloppe, Mainz
Satz: Jörg Eckart, Mainz
Druck und Bindung: Wagner, Nördlingen

ISBN 3-7867-1939-X

Inhalt

Vorwort

Realität ernüchtert, entlastet – und fasziniert. Vielleicht ist die mangelnde Bereitschaft, Wirklichkeit so sehen zu wollen, wie sie ist, der eigentliche Grund für die in unseren kirchlichen Breitengraden allgegenwärtige Larmoyanz. Vielleicht ist es aber auch die Furcht, Dinge, die man sieht, bei ihrem (richtigen!) Namen zu benennen, und die daraus resultierende allgemeine Begriffsverwirrung, die so viele Kirchenleute in eine Art Dauertrance der Frustration versetzt. Vielleicht ist es aber auch die mangelnde Liebe zur Konsequenz, die – Jahr für Jahr dieselben Fragen stellend, mit nicht sehr viel neuen Antworten bedacht – dazu führt, daß sich Resignation breit macht: Wir können ja doch nichts ändern. Realität ernüchtert, entlastet – und fasziniert. Diese Überschrift aus einem der Beiträge des vorliegenden Buches gibt eine andere Richtung an: Es geht darum, an den Voraussetzungen dafür zu arbeiten, daß Frauen und Männer im Dienst der Kirche mit Befriedigung bei ihrer Arbeit sein können und wieder mit Lust an die Seelsorge gehen.

Die Autoren, die sich dieser Aufgabe stellen, sind im kirchlichen Kontext in unterschiedlicher Weise und auf verschiedenen Ebenen mit Leitung befaßt und stehen alle vor der Frage nach der Professionalität. Es sind Leute, die mit der Aus-, Fort- und Weiterbildung und der kirchlichen Beratungspraxis zu tun haben. Und es geht ihnen allen um dasselbe: um Begriffsklärungen, darum, starre Schablonen, die sich als untauglich zur Gestaltung von Wirklichkeit herausgestellt haben, zu hinterfragen und die sich dahinter verbergenden Denkmuster durcheinander zu bringen. Es geht ihnen um Entlastung, die eintritt, wenn Zusammenhänge, die die konkrete Alltagswirklichkeit von Seelsorge bestimmen, neu gesehen werden, und darum, die Wahrheit der Struktur einzuklagen, wo vom Vorrang der Person geredet wird.

Heribert W. Gärtner nimmt im Kontext und am Beispiel des Kirchlichen Krankenhauses die in solchen Einrichtungen Arbeitenden in den Blick und warnt davor, ihnen die Last der

Kirchlichkeit aufzubürden. Kirchlichkeit müsse vielmehr an der kirchlichen Organisation selbst ablesbar sein! *Martin Wichmann* buchstabiert an der Regelsituation Firmpastoral die Frage nach dem Erfolg durch und nennt Kriterien für eine Professionalität, der am Ende die nackten Zahlen recht geben und die dazu führt, daß Berufszufriedenheit kein Fremdwort bleiben muß. *Werner Hahne* fragt nach den Berufsrollen und entwirft ein biblisches und konziliares Koordinatensystem, in dem kirchliche Ämter und Dienste sich nicht nur als sinnvoll, sondern auch als lebbar präsentieren. *Norbert Schuster* nimmt den Rollenkonflikt des Pfarrers in der Volkskirche in den Blick, fragt nach der Plausibilität der hier herrschenden Grundkonstanten und nennt die Abhängigkeiten und Interdependenzen, aus denen es sich zu lösen gilt, soll Seelsorgearbeit sinnvoll und möglich sein. Auch *Thomas Henke* setzt mit seinen Überlegungen bei der ernüchternden Erfahrung der Folgenlosigkeit pastoraler Arbeit an und überlegt, ob dies nicht strukturell bedingt sei und die Ursachen dafür nicht in der Binnenorientierung allen kirchlichen Tuns und der in der Regel ausgesprochen unpolitischen Seelsorgepraxis liegen. *Valentin Döring* sucht nach der strukturellen Relevanz des Mysteriums Kirche. Wie muß sie aussehen, die sichtbare Gestalt und Gestaltung der Kirche, die ihrem Grund und Lebensprinzip entspricht? Dabei werden ganz praktische Grundelemente einer kooperativen Pastoral benannt, die der verschiedenen „religiösen Musikalität“ der Menschen gerecht werden wollen. *Ulrich Moser* nimmt im letzten Beitrag dieses Buches schließlich noch einmal Partei für den Menschen: In der Situation des Alters und im Umfeld des Alten(pflege)heimes erweist sich die Tauglichkeit eines lebenstheologischen Verständnisses von pastoraler Arbeit – oder muß scheitern. Unter den Bedingungen dieser letzten Krise schält sich ein Profil seelsorglicher Kompetenz heraus, das nicht nur auf diesem Feld Gültigkeit hat.

Wer nun meint, daß diese Artikel – allesamt verfaßt von Schülern und Freunden (bedauerlicherweise konnte keine Frau für das Unternehmen gewonnen werden) des Freiburger Pastoraltheologen Professor Josef Müller und ihm auch zugeeignet zu seinem 65. Geburtstag – Hand in Hand ein- und derselben Denkrichtung folgen würden, der täuscht sich. Vielmehr spiegeln sie einen Wettstreit wider um die richtige Sicht der Dinge und die angemessenen Antworten, für die es sich zu entscheiden gilt, wenn es heute um Kirche geht und um die, die sich zu ihr zählen. Auch nach „draußen“ kommt das, was hier zusammengetragen wurde, streitbar daher und hofft, als Beitrag zu den allerorten diskutierten Strukturfragen verstanden zu werden.

Norbert Schuster *Ulrich Moser*

Heribert W. Gärtner

Die kirchliche Wirklichkeit ist organisational. Plädoyer für eine praktisch-theologische Institutions- und Organisationskunde

Über Person- bzw. Subjekt-Sein läßt sich unabhängig von Organisation und Institutionen nicht reden und für die Subjektwerdung des Menschen läßt sich nur etwas tun, wenn man seine Einbindung in Organisation und Institution mitbedenkt. Deshalb vertrete ich in diesem Beitrag die Hypothese, daß wir in den unterschiedlichen Feldern pastoralen und diakonischen Handelns eine reflektierte Würdigung von Institution und Organisation brauchen und deren Wirkfaktoren zu beachten sind. Ich schreibe diesen Beitrag aus der Perspektive eines Menschen, der das theologische Handwerk gelernt hat, sich aber berufsmäßig vor allem mit der Wirklichkeit von Institutionen und Organisationen und den darin arbeitenden Menschen beschäftigt. Diese Wirklichkeit braucht meines Erachtens dringend eine praktisch-theologische Lesart, weil dadurch die Lebenssituation von Menschen besser verstanden und kirchliches Handeln geschärft werden kann.

Ohne hier die komplizierte wissenschaftliche Diskussion darstellen zu können, benutze ich unter pragmatischen Gesichtspunkten die unübliche Unterscheidung von Institution[1] und Organisation. Zumeist werden die Begriffe synonym gebraucht. Unter *Institutionen* verstehe ich kulturell geltende, einen Sinnzusammenhang bildende, öffentlich garantierte Ordnungsgestalten, in denen sich das Zusammenleben von Menschen abspielt. Dazu gehören z.B. so unterschiedliche Systeme wie Ehe und Familie, Asyl, aber auch Staat und Kirche. Diese Institutionen können zur Sicherung und Umsetzung ihres institutionellen Sinns Organisationen bilden und unterhalten. Organisationen sind soziale Systeme, die zur Problemlösung anstehender Aufgaben geschaffen wurden. Sie dienen zur Über-

[1] Schülein, J.A.: Theorie der Institution. Eine dogmengeschichtliche und konzeptionelle Analyse. Opladen 1987, 9.

lebenssicherung, der Weltbewältigung und der Ordnung des Zusammenlebens.[2] Auch die Kirche als Institution[3] unterhält Organisationen in diesem Verständnis des Begriffs zur Sicherung ihres institutionellen Sinns: z.B. Ordinariate, Seelsorgeämter, Bildungshäuser, Pfarreien, diakonische Einrichtungen. Funktionieren diese Organisationen nicht institutionsgemäß, so bedeutet das keineswegs, daß die Institution selbst in Frage zu stellen ist. Es stellt sich vielmehr die Frage, ob die vorhandenen Organisationen der Institution Kirche der Sicherstellung ihres institutionellen Sinns dienen oder nicht.

1. Es gibt in kirchlichen Organisationen ein kirchlich-theologisches Reflexionsvakuum.

Bei der Zusammenarbeit mit kirchlichen Organisationen, insbesondere mit diakonischen Einrichtungen, ist mir zunehmend der Ausfall theologischer Reflexion organisationaler Wirklichkeit aufgefallen; ein Vakuum, das auch in der wissenschaftlichen Literatur zunehmend thematisiert wird.[4] Daß dieses Vakuum auch in der institutionellen Praxis als gefährliche Leerstelle wahrgenommen wird, beweisen die unzähligen Leitbilder, die derzeit von kirchlichen Trägern auf unterschiedlicher Ebene produziert werden. Man hofft, mit diesen Leitbildern ein Steuerungsinstrument bereitgestellt zu haben, das die kirchliche Rückbindung zu sichern und zu konkretisieren hilft. Gelingt es jedoch nicht, diese oft allgemeinen Grundsätze in den organisationalen Alltag herunterzubrechen, wird der ganze Leitbildboom zur weiteren Demotivation der Mitarbeiter in kirchlichen Einrichtungen beitragen.

[2] Girschner, W.: Theorie sozialer Organisationen. Eine Einführung in Funktionen und Perspektiven von Arbeit und Organisation in der gesellschaftlich-ökologischen Krise. (Grundlagentexte Soziologie). Weinheim–München 1990.
[3] Vgl. Kehl, M.: Die Kirche. Eine katholische Ekklesiologie. 2. Aufl. Würzburg 1993, 388–401.
[4] Vgl. z.B. die vielfältigen Arbeiten von A. Jäger und R. Zerfaß; mit meinem Buch: Zwischen Management und Nächstenliebe. Zur Identität des kirchlichen Krankenhauses. 2.Aufl. Mainz 1995, habe ich mich an dieser Debatte beteiligt.

Zumeist verstehen Menschen, die in Einrichtungen unter kirchlicher Trägerschaft tätig sind, ihren Glauben weitgehend als Privatangelegenheit. So wurden sie sozialisiert und so wurde und wird es auch von ihnen erwartet. Ihr „Glaube“ wurde im Kontext ihrer Anstellung „sichergestellt“, d.h. es wurde geklärt, daß keine Probleme bei den Loyalitätsobliegenheiten vorhanden sind und sie als kirchlich gesinnt gelten. Diese Gesinnung findet nach tradierter Wahrnehmungsfolie an dem Kriterium Gottesdienstbesuch, am besten in der Pfarrgemeinde, ihren standardisierten Ausdruck. Die bei Personaleinstellungen immer noch anzutreffende Praxis der Vorlage eines pfarramtlichen Zeugnisses belegt dies. Kurz gesagt: Kirchlichkeit wird personalisiert und gilt betrieblich als ein motivationaler Faktor, den Mitarbeiter bereits mitzubringen haben.

Es handelt sich hier um eine moralische Engführung. Praktisch-theologisch ist ein Kurzschluß zu diagnostizieren, denn nicht nur die Personen, d.h. die Mitarbeiter im kirchlichen Dienst, sondern auch auch die Systemmerkmale der Organisation müssen der Eigenart kirchlicher Einrichtungen, d.h. dem Sendungsauftrag Jesu, genügen. Die Kirchlichkeit muß also auch an der kirchlichen Organisation ablesbar sein, nicht nur an den darin arbeitenden Individuen. Dieser Ansatz – ein in der Konsequenz revolutionärer Gedanke – wurde in der Erklärung der Deutschen Bischöfe zum Kirchlichen Dienst von 1993 eigens thematisiert. Dort wird hervorgehoben, daß sich Zielsetzung und Tätigkeit, Organisationsstruktur und Leitung kirchlicher Einrichtungen an der Glaubens- und Sittenlehre der Kirche messen lassen müssen. Zentrale Merkmale von Organisation werden hiermit einer kirchlichen Kriteriologie ausgesetzt.[5] Wenn man dies durchdenkt, ergeben sich daraus viele praktische Konsequenzen.

[5] Vgl. Sekretariat der Deutschen Bischofskonferenz (Hg.): Erklärung der deutschen Bischöfe zum kirchlichen Dienst. (Die deutschen Bischöfe 51). Bonn 22. 09. 1993, 8f.

2. Es gibt in kirchlichen Organisationen – insbesondere in diakonischen Einrichtungen – Bedarf an einer glaubenden Wahrnehmung der Wirklichkeit.

Die Forderung nach einer kirchlich-theologischen Befragung der Organisation, nicht nur der Personen, kann jedoch nicht imperativisch eingeklagt werden. Sie braucht konkrete Formen der Umsetzung. Diese lassen sich nur finden, wenn Glaube und Theologie in das Zentrum des Handelns in kirchlichen Einrichtungen gerückt werden, d.h. wenn der konkrete Betriebsalltag einer kirchlichen Einrichtung auch aus dieser Perspektive betrachtet und gestaltet wird. Damit dies geschehen kann, brauchen vor allem die verantwortlichen Mitarbeiter in der Leitung und die Trägervertreter in kirchlichen Einrichtungen eine entsprechende Fähigkeitskompetenz, die ihnen solches Denken und Tun ermöglicht. Genauso aber brauchen sie vom Institutionssinn her eine Zuständigkeitskompetenz, die legitimiert, daß ihre Arbeit auch amtlich eine theologisch-kirchliche Dimension hat. Es geht dabei um nichts Additives, das zu ihrem profanen Managementhandeln dazu kommt, sondern um etwas Konstitutives, das zum Leitungshandeln im kirchlichen Arbeitsfeld gehört.
In der Arbeit mit Menschen in diakonischen Einrichtungen habe ich festgestellt, daß vor allem bei den Leitungsleuten, also den wirklichen Laientheologen, Bereitschaft und Fähigkeit vorhanden ist, ihre Tätigkeit unter dieser Perspektive zu verstehen und zu gestalten. In den diakonischen Einrichtungen liegt ein völlig ungenutztes kirchlich-theologisches Potential brach, um das man sich auf Institutionsseite zu wenig kümmert und das nicht abgerufen wird. Die Leute sind durchaus daran interessiert, der Frage nachzugehen, was ihre konkrete Arbeit mit dem Glauben an den lebendigen Gott zu tun hat. Wenn man ihnen Sprache zur Verfügung stellt und miteinander Sprache entwickelt, offenbart sich dabei Erstaunliches. Es stellen sich dann z.B. die spannenden Fragen: Was haben die konkreten Arbeitsabläufe in einem Altenheim mit dem Subjekt-Sein von Menschen zu tun? Was bedeutet es für ein Altenheim, wenn zur Kirche die Lebenden und die Toten gehören? Da kommt dann in einem Heim eine offene zugängliche Kryp-

ta für die Verstorbenen unterhalb der Kapelle zustande. Während oben Eucharistie gefeiert wird, ist unten der verstorbene Mitbewohner aufgebahrt. Ein Provokation, den Tod öffentlich zu machen, die angenommen wurde.[6]
Daß es ein Kirchen- und Theologiedefizit bei den diakonischen Einrichtungen gibt, liegt meines Erachtens nicht in erster Linie an deren Leiterinnen und Leitern. Das Glaubenspotential dieser Leute wird vermutlich deshalb nicht abgerufen, weil es nicht in das gängige Wahrnehmungsmuster von Kirchlichkeit paßt. Von Führungskräften in der Diakonie erwartet man keine theologisch-kirchlich relevanten Aussagen. Obwohl schon lange theologisch als falsch erkannt, werden Liturgie und Verkündigung gegenüber der Diakonie in der derzeitigen Macht- und Einflußstruktur der Kirche doch eine größere Dignität zugesprochen.
Die Vorstellung vom kirchlichen Leitungsdienst ist so mit den klassischen Antworten der Amtsfrage verbunden, daß die faktisch vorhandenen kirchlichen Konstellationen weder wahr- noch ernstgenommen werden. Mit diesem Wahrnehmungsmuster korrespondiert eine obsolet gewordene Monopolisierung des Pfarrprinzips, in das immer noch das Hauptkontingent finanzieller und personeller Ressourcen investiert wird. Hier liegt eine vermutlich historisch bedingte ideologische Täuschung vor. Die Massivität, mit der praktisch, d.h. vor allem von der Personalpolitik her, das Pfarrprinzip verteidigt wird, wäre ein interessantes Untersuchungsfeld einer zu schaffenden praktisch-theologischen Institutions- und Organisationskunde. Schaut man sich diakonische Einrichtungen genauer an, merkt man schnell, daß sie Orte sind, an denen sich sehr viel gemeindliches und kirchliches Leben abspielt. Viele stationäre Einrichtungen sind faktisch Gemeinden, in denen sich die wesentlichen gemeindlichen Vollzüge – Martyria – Leiturgia – Diakonia – Koinonia – nachweisen lassen.[7] Der Ansatz dieser Gemeinde liegt eben nicht bei der sonntäglichen Gottesdienstversamm-

[6] Vgl. Klostermann, S.: Im Schutz der Bilder. Kunst und Pflege im Altenheim. Trier 1992.
[7] Vgl. Gärtner, Zwischen Management und Nächstenliebe, 113–119.

lung, sondern bei der diakonischen Versammlung des alltäglichen Dienstes am (Über)leben.[8]
Viele Menschen, die sich längst von der Pfarrgemeinde verabschiedet haben, können dort als Mitarbeiter, Bewohner oder Patienten plausibel Kirche erfahren. Dann sollen sie, wenn sie wollen, dort auch heiraten, den Glauben feiern und von den dortigen Seelsorgern beerdigt werden. Es gibt keinen vernünftigen Grund, diesen Orten nicht jene kirchliche Dignität und Leitungsstruktur zuzusprechen, die ihnen faktisch zukommt. Warum sollen alle – Einzelpersonen und Organisationen – mit Gewalt in Pfarreien integriert werden, wo doch heute jeder, der es sehen will, weiß, daß die Pfarrei das Monopol für die Glaubenssozialisation verloren hat und viele mit diesen tradierten Orten des Christseins gar nichts mehr anfangen können.
Man sollte sich also überlegen, wie man die notwendige amtliche Struktur in solchen Einrichtungen zum Ausdruck bringt. Lebenslogisch wäre es sinnvoll, dem Leiter oder der Leiterin eines Alten- oder Behindertenheims unter Gebet die Hände aufzulegen und ihn oder sie für seinen bzw. ihren Dienst zu beauftragen und somit sakramental auszurüsten. Ein solcher Leiter wäre dann ein wirklicher Diakon und nicht diese Amtsregressionsform, der wir in der liturgischen Ausprägung begegnen. Es ist klar, daß es dann auch unzählige Diakoninnen gäbe, weil viele Frauen mit großer Kompetenz und Verantwortung den diakonischen Leitungsdienst bereits ausüben. Solche diakonischen Leiterinnen und Leiter würden darauf achten, wie der Glaube strukturell in diesem Lebensraum seinen Platz findet, und zwar besonders dadurch, daß die zentralen Zielaussagen einer Einrichtung ihren konkreten Niederschlag in den Organisations- und Arbeitsabläufen finden.

[8] Vgl. Mette, N.: Gemeinde werden durch Diakonie. In: Karrer, L. (Hg.): Handbuch der praktischen Gemeindearbeit. Freiburg–Basel–Wien 1990, 198–214.

3. Es gibt ein Organisations- und Theologiedefizit der Berufschristen.

Komplementär zu diesem Befund am Beispiel diakonischer Einrichtungen ist mir bei der Zusammenarbeit mit Berufschristen (Pfarrer, Pastoral- und Gemeindereferenten) aufgefallen, wie wenig sie in der Lage sind, die strukturellen Bedingungen ihrer pastoralen Arbeit – auch wenn sie in großen Organisationen tätig sind – zu verstehen und zu gestalten. Dies gilt auch für die Gemeindepfarrer. Die Bereiche ihres Berufsalltags, die mit Leitung und Organisation zu tun haben, werden bei vielen, im Vergleich zu anderen Arbeitsfeldern, die durch die theologische Ausbildung besser abgedeckt sind, wie z.B. Verkündigung, Katechese und Gottesdienstfeier, auf einem niedrigeren Qualitätsniveau realisiert. D.h. es gibt in den unterschiedlichen Tätigkeitsfeldern ein Professionalitätsgefälle.[9] Vielen gelingt es nicht, die strukturellen Bedingungen ihrer Arbeit mit den von ihnen berufsmäßig transportierten Inhalten in Verbindung zu bringen: Die Dimension der Pfarrei als Betrieb und die Inhalte des Glaubens bleiben zwei getrennte Dimensionen ihres beruflichen Alltags. Ich meine damit nicht, daß man im Pfarreibetrieb zueinander nett ist und sich nichts tut. Das Gegenteil wäre vermutlich manchmal angesagt. Es geht darum, daß ein Pfarrer begreift, daß seine Arbeitsorganisation und seine praktizierten Führungsgrundsätze etwas mit dem zu tun haben, was man landläufig Spiritualität nennt. So könnte er, wenn das Ordinariat ihm schon wieder zusätzlich eine Pfarrei übertragen will, die Frage stellen: Was bedeutet dies theologisch, praktisch, menschlich und sozial? Ist ein solches Gebilde überhaupt noch evangeliumsgemäß zu leiten und wenn ja, wie? Wer hat den Nutzen von diesen Zusammenlegungen und wer bezahlt die Preise dafür? Dies ist etwas anderes, als sich als Pfarrer nun auch noch im Management fit zu machen, damit sie mit dem zunehmenden Arbeitsanfall fertig werden.

[9] Vgl. Gärtner, H.: Der Seelsorger, ein Profi? Anmerkungen eines Organisationspsychologen. In: Lebendige Seelsorge 43 (1992) 175–179.

4. Pastorales und diakonisches Handeln ist zugleich institutionell-organisatorisches Handeln.

Es gibt kaum ein kirchliches Handeln, das nicht durch institutionelle und organisatorische Faktoren bestimmt ist. Zweck-Zielbestimmung, Arbeitsteilung und Koordination als zentrale Merkmale von Organisation treffen auch auf pastoral-diakonisches Handeln zu. Selbst der scheinbar intime Vorgang eines Seelsorgegesprächs am Bett eines Patienten im Krankenhaus ist – was noch zu zeigen sein wird – von institutionellen und organisatorischen Faktoren wesentlich determiniert. Auch die Art und Weise, wie Menschen in Krankenhäusern und Altenheimen sterben, ist auf den zweiten und praktischen Blick auch eine institutionell-organisatorische Aufgabe und nicht nur die Sache von einzelnen Mitarbeiterinnen und Mitarbeitern. Gibt es kein Konzept, wie Sterben in einem Haus funktioniert, stehen die betroffenen Mitarbeiter immer wieder neu vor der Aufgabe, im Einzelfall zu entscheiden und Lösungen zu finden. Die Bedeutung des institutionell-organisatorischen Faktors hängt wesentlich damit zusammen, daß wir in den westlichen Ländern in Organisationsgesellschaften leben. Wir haben keine andere Wahl und keinen Einfluß darauf, daß sich in unserer Zeit das Subjekt-Sein des Menschen wesentlich in und durch Organisationen ereignet. Leben, Gesellschaft und Staat sind in starkem Maße durch Organisationen geprägt. „In Organisationen oder durch sie beeinflußt verbringen wir das Leben. Von morgens bis abends und das ganze Leben hindurch haben wir mit ihnen zu tun oder werden mit ihren Auswirkungen konfrontiert. In Organisationen werden wir meist geboren und schon als Kind sowie die Jugend hindurch von ihnen erzogen. In Organisationen üben die meisten von uns ihren Beruf aus und nach der Arbeit verbringen wir in ihnen die Freizeit oder werden von ihnen mit Unterhaltung beliefert.“[10] Eine Pastoral im Lebenszusammenhang[11] ist dieser hochdifferenziert arbeits-

[10] Girschner, Theorie sozialer Organisationen, 22.

[11] So der konzeptionelle Ansatz der Pastoraltheologie von J. Müller. Vgl. hierzu z.B. Pastoraltheologie. Ein Handbuch für Studium und Seelsorge. Graz–Wien–Köln 1993, bes.15–33.

teiligen Organisationsgesellschaft ausgesetzt und muß auf sie antworten. Darüber hinaus bedient sich Kirche selbst in ihrem Vollzug – also auch im pastoralen Handeln selbst – auf unterschiedlichen Ebenen organisationaler Prozesse. Ohne Organisation ist Pastoral in unserem Kulturkreis nicht lebbar und nicht machbar.
Das Zurkenntnisnehmen von Institution und Organisation ist deshalb nicht nur eine Frage von Rahmenbedingungen, sondern trifft den Kern kirchlichen Handelns, weil dieses Handeln sich weitgehend im organisationalen Kontext abspielt. Sei es in kircheneigenen Organisationen, wie diakonischen Einrichtungen, Bildungsstätten, Behörden usw. oder in solchen, wo die Kirche ein z.T. staatlich gesichertes Zugangsrecht hat, wie z.B. in Gefängnissen, Krankenhäusern oder beim Militär. Wenn diese These stimmt, ergeben sich daraus praktisch-theologische Folgerungen auf unterschiedlichen Ebenen.
Nicht nur für Pfarrer, sondern auch für Seelsorgerinnen und Seelsorger, die z.B. in Krankenhäusern, Heimen, Gefängnissen, Verbänden und Betrieben tätig sind, wird es dann wichtig, ihr Handeln nicht nur aus der Beziehungsarbeit gegenüber einzelnen Menschen und Gruppen heraus zu verstehen, sondern auch institutionell zu reflektieren und zu korrigieren. Es geht nie nur um Personen, sondern immer – um der Person willen – auch um Strukturen. Wer den Vorrang der Person will, muß die Wahrheit der Struktur kennen. Es ist nützlich für die Seelsorger zu verstehen, wie das, was sie tun, durch die Organisation und die Menschen, die (zwangsweise) darin leben, mitbestimmt wird. Das bedeutet auch zu verstehen, wie das, was sie tun, durch das „institutionelle Thema" z.B. Krankheit, Verbrechen, Erwerbsarbeit unter hochstrukturierten Bedingungen geprägt ist. Arbeit mit Personen kann also nur gelingen, wo sie kontextuell begriffen wird.
Für das Handeln in kircheneigenen Organisationen ist solches Reflektieren in besonderem Maße erforderlich. Hier sind nicht nur die Seelsorger gefordert, ihr personenbezogenes Handeln institutionell zu verstehen. Es geht vielmehr um jene, die in diesen Einrichtungen kirchlich-religiösen Institutionssinn repräsentieren. Das sind in erster Linie die jeweiligen Leitungsverantwortlichen. Im Fall der Pfarrgemeinde, wo Seelsorge und

Leitungsfunktion zusammenfallen, ist es der Pfarrer. Beim kirchlichen Altenheim sind es die Trägervertreter und die jeweiligen Leitungsverantwortlichen. Hier wird das Gesamtsystem in seinen Konstruktionsprinzipien Gegenstand praktisch-theologischer Reflexion.
Die Forderung nach dieser Art von Reflexionsfähigkeit ergibt sich also nicht nur aus den naheliegenden Effektivitätsgründen, sondern auch aus theologischen Gründen. Im Kern geht es immer darum, ob der Zusammenhang von institutionellem Sinn des Christentums und seiner organisatorischen Realisation an dem jeweiligen Ort aufrechterhalten werden kann und wird. Es gilt also die Frage zu beantworten: Ist diese kirchliche Organisation ein Ort, an dem das institutionell christlich Behauptete auch organisatorisch ermöglicht wird und nicht unter der Hand zu ganz anderen Zwecken verkommt und sich verselbständigt? Es geht also darum, ob ein kirchliches Altenheim, eine Bildungsstätte, ein Ordinariat ein Ort ist, an dem institutionell mit dem handelnden Gott der Christen gerechnet wird, und zwar nicht nur in den Herzen der dort Tätigen, sondern auch in den vorhandenen Strukturen und im managermäßigen Handeln der Leitungen und der jeweiligen Träger.

5. Das Beispiel Krankenhausseelsorge: Beziehungsarbeit im Brennpunkt von Organisation und Institution.

Um der Bedeutung der theologischen Institutionskunde mehr auf die Spur zu kommen, möchte ich ein seelsorgliches Handlungsfeld herausgreifen und paradigmatisch auf seine organisatorischen und institutionellen Determinanten befragen. Ich habe das Arbeitsfeld der Krankenhausseelsorge ausgewählt. Vom Handlungssymptom her geschieht hier Seelsorge vor allem in der Dimension der Beziehungsarbeit. Bei genauerem Hinsehen wird allerdings deutlich werden, daß dieses phänotypisch intime berufliche Handeln wesentlich durch organisatorische und institutionelle Wirkfaktoren mitbestimmt ist. Die praktisch-theologische Institutions- und Organisationskunde hätte die Aufgabe, diese hier ansatzweise durchgeführte Analyse für unterschiedliche Tätigkeitsfelder durchzuspielen.

5.1 Die Seelsorgearbeit und ihr organisationaler Kontext

Die pastorale Arbeit im Krankenhaus ist einerseits durch eine hohe emotionale und personale Dichte bestimmt. Sie entsteht dadurch, daß für viele Menschen der Krankenhausaufenthalt eine wirkliche Krise darstellt und sie darüberhinaus aus ihrer gewohnten Umgebung herausgenommen sind. Damit ist für die Betroffenen oft ziemlich viel in Frage gestellt. Das bewirkt, daß diese Menschen in der Regel leichter bereit sind, mit anderen ins Gespräch zu kommen, vor allem mit solchen, die zuhören können. Die seelsorgliche Beziehungsarbeit mit dem Patienten geschieht allerdings in einer Organisation, die in einem hohem Grad arbeitsteilig und standardisiert ist und sein muß. Das Krankenhaus ist ein hochtechnisierter Dienstleistungsbetrieb, der aus lauter möglichst gut funktionierenden Zahnrädern besteht. Auch die Seelsorge ist eines dieser Zahnräder. Betriebswirtschaftlich formuliert ist sie Bestandteil der personenbezogenen Dienstleistung und damit der Leistungserbringung im Krankenhaus. Schaut man in die Praxis der Seelsorge, sind Krankenhausseelsorgerinnen und -seelsorger in der Tat Leute, die vor allem Beziehungsarbeit machen und machen wollen. „Hier hat man es doch mit Menschen zu tun", so sagen viele. Deshalb ist diese Arbeit für bestimmte Seelsorgerinnen und Seelsorger attraktiv und herausfordernd. Krankenhausseelsorger sind inzwischen Seelsorgeprofis, die z.T. ein elaboriertes Berufsverständnis haben und in vielen Kliniken zu einem wichtigen Bestandteil des therapeutischen Teams geworden sind. Dies zeigen gerade Erfahrungen in dem prekären Feld der Intensivstation, wo die Krankenhausseelsorge oft ihre Nagelprobe abzuliefern hat.

5.2 Die Begegnung mit den Kranken als Widerspiegelung der organisationalen Wirklichkeit

Die seelsorgliche Beziehungsarbeit läßt sich als Biographiearbeit verstehen, welche die Lebens- und Glaubensgeschichte der Patienten zueinander in Beziehung setzt, sei es in der Krise einer schweren Krankheit oder in der trivialen Einzigartigkeit des durchschnittlichen Krankenhaustages, also in der Alltags-

bewältigung.[12] Ich vertrete die Auffassung, daß Seelsorger dieser Tätigkeit umso besser nachgehen können, je mehr sie von diesem Behandlungsort und seiner Logik verstehen. Die Grundspannung, auf die der Krankenhausseelsorger trifft, entsteht aus den beiden Polen: höchste persönliche Betroffenheit auf seiten des Patienten und höchste arbeitsteilig geregelte Routine auf seiten der Organisation und der Mitarbeiter. Wenn Seelsorgerinnen und Seelsorger Patienten begegnen, tritt ihnen ein Mensch mit seiner Geschichte gegenüber, der jetzt krank ist. Sein Krank-Sein verändert ihn und aktiviert vielleicht latente Seiten seiner bisherigen Lebensgeschichte als Verarbeitungsmuster. Er ist aber in seiner Befindlichkeit nicht nur durch seine Krankheit beeinflußt, sondern wesentlich auch durch die hochgradig arbeitsteilige Behandlung dieser Krankheit im Betrieb Krankenhaus.
Seine Befindlichkeit wird bestimmt:
- durch die Art, wie die Patientenaufnahme organisiert ist und damit, wie der in der Regel angstbesetzte Beginn des Krankenhausaufenthaltes ausfällt;
- durch das Pflegesystem auf den Stationen, was sich dahingehend auswirkt, ob eine kleine Personenzahl den Patienten umfassend pflegt oder ob viele Personen mit Einzelhandlungen an ihn herantreten;
- durch das Schnittstellenmanagement der unterschiedlichen Leistungsbereiche, wodurch gefördert oder vermieden wird, daß Patienten stundenlang wartend auf den Gängen sitzen oder liegen und sich niemand um sie kümmert;
- durch das vorhandene oder nicht vorhandene Konzept der Angehörigenarbeit als wichtigste Bezugsgröße für den Patienten;
- durch die Kultur der ärztlichen und inzwischen pflegerischen Visiten als zentral erlebtes Krankenhausritual. Alle diese Faktoren bestimmen mit, wie ein Patient seine Krankenrolle ausfüllt, mit welchem Regressionsgrad er in das Behandlungsgeschehen versinkt und wie er dem Seelsorger entgegentritt.

[12] Vgl. zum Seelsorgeverständnis: Gärtner, H.: Die Kunst der Seelsorge in der Dimension der Beziehung. In: Müller, J.: Pastoraltheologie, 34–58.

Vorgaben der Krankenhauspolitik und -finanzierung entscheiden darüber, welche Arbeit gemacht und welche nicht mehr gemacht und an andere Leistungserbringer weitergeleitet wird. Die politisch gewollte Reduktion der Belegtage wirkt sich sowohl auf die Arbeitsbelastung von Pflege und Medizin aus, als auch auf die Möglichkeit von Seelsorgerinnen und Seelsorgern, mit Patienten überhaupt Kontakt aufzunehmen. Von all dem ist der Patient be- und getroffen. Was er subjektiv wahrnimmt, ist das für ihn wohlwollende oder nichtwohlwollende Verhalten von einzelnen Mitarbeitern. Doch dieses Verhalten ist wesentlich gesteuert durch die Wirklichkeit der Organisation und die Rolle, die Mitarbeiterinnen und Mitarbeiter darin zu spielen haben. Weiß dies ein Seelsorger, versteht er die Patienten in der Regel besser. Begreift er, welche Dynamik auf unterschiedlichen Stationen herrscht und wie dies mit der Ablauforganisation und der Qualität der Führung zusammenhängt, kann er seine Patientenbegleitung personzentrierter tun.

Institutionell spielt dabei eine wichtige Rolle, welcher praktische Lebens- und Todesmythos in einem Krankenhaus handlungsleitend ist. Daran entscheidet sich praktisch, wie behandelt wird und wie Tod und Sterben ihren öffentlichen Platz erfahren und damit ihre organisatorisch-konzeptionelle Umsetzung.

Der Krankenhausseelsorger ist also von den organisatorischen und institutionellen Faktoren zweifach betroffen: Zum einen spiegelt sich die Behandlungs- und Organisationswirklichkeit im direkten Patientenkontakt wider. Sie zu kennen ist erforderlich, um die Erlebniswelt des Patienten und seine Reaktionen zu verstehen. Oft versteht sich der Patient ja selbst nicht mehr. Menschen zeigen im Krankenhaus Verhaltensweisen, die sie sonst so von sich nicht kennen. Der Seelsorger ist konfrontiert mit dem gelebten Behandlungsmythos eines Hauses. Zum anderen verrichtet der Seelsorger im Krankenhaus seine Arbeit und ist Kollege unter den vielen im Krankenhaus tätigen Berufsgruppen.

5.3 Krankenhauseelsorge: ein Arbeitsplatz mit unterschiedlichen organisationalen Rollen

Der Seelsorger ist, dort wo es gut geht, Mitglied des professionellen Behandlungssystems. Er erbringt seinen Beitrag in einem Team unterschiedlicher Therapeuten. In der betrieblichen Einordnung hat er eine komplizierte, aber chancenreiche Doppelstellung. Er ist drinnen und draußen zugleich. Dem Seelsorger steht verfassungsrechtlich verankert ein Zugangsrecht auch in Krankenhäuser in öffentlicher Trägerschaft zu (§ 141 Weimarer Verfassung und Artikel 140 Grundgesetz). Damit verbunden ist auch die Bereitstellung der notwendigen Räume für Gespräche und Gottesdienste. Organisational ist die Seelsorge der Krankenhausverwaltung zu-, nicht untergeordnet. Die Seelsorger sind als Vertreter der Kirche unabhängig, d.h. sie haben keine weisungsbefugte und weisungsgebundene Stellung. Das eröffnet in einer stark hierarchiebestimmten Organisation Chancen. Als Mitglied des TherapeutInnen-Teams müssen Seelsorgerinnen und Seelsorger Wege der Integration in relativ stabilen Arbeitsabläufen suchen. Wo dies gelingt, sind sie auf den Stationen willkommen. In diesem Spannungsfeld von Eingebundensein und Selbständigkeit haben sie sich zurechtzufinden.

Das wird umso eher gelingen, je besser ihnen der organisationale Kontext bekannt ist, und zwar nicht nur durch Erfahrung, sondern auch durch Einsicht und Kategorisierung. Seelsorger brauchen Kenntnisse über den Aufbau des Krankenhauses, insbesondere über das Problem der Versäulung der Berufsgruppen (Pflege, Medizin, Verwaltung) und der historisch bedingten Konkurrenz zwischen diesen Berufsgruppen, über die Hierachieebenen und die damit verbundenen Kompetenzen der Leitungsstellen, über die Stellung von Chefärzten und die Besonderheiten und Probleme der Klinik als Ausbildungssystem für Ärzte und Pflegekräfte. Kenntnis der Ablauforganisation hilft zu verstehen, wie der Arbeitsbeitrag der Seelsorge in das Heilungsangebot einzubringen ist, und macht verständlich, warum Seelsorge manchmal im Krankenhaus als Störgröße erscheint.

5.4 Der Krankenhausseelsorger als Betriebsseelsorger

Verstehen sich Seelsorgerinnen und Seelsorger nicht nur als Kranken-Seelsorger, sondern organisationsbezogen als Kranken*haus*seelsorger, gerät die große Gruppe der Mitarbeiter und Mitarbeiterinnen im Krankenhaus als Bezugsgröße der Seelsorgearbeit, nicht nur als Kollegen im Heilungsprozeß, in den Blick. Seelsorger werden so zu Betriebsseelsorgern, die nicht nur etwas von *kranken*, sondern auch von *arbeitenden* Menschen im Dienstleistungsbetrieb Krankenhaus verstehen. Spätestens hier wird nochmals deutlich, daß sie Kenntnisse darüber brauchen, von welchen Faktoren dieser Betrieb und die darin vorhandenen Arbeitsplätze bestimmt sind. Fragen der Leitung und Hierarchie, Konflikte der interdisziplinären Zusammenarbeit zwischen Ärzten und Schwestern, Fragen des Arbeitsrechts und der Dienstplangestaltung treten nun in den Blick. Diagnostisch muß der Seelsorger nun wissen, daß das Krankenhaus als soziales System einer Eigendynamik unterliegt, die über die Einzelhandlungen der darin arbeitenden Personen hinausgeht. Die Systemtheorie kann ihm helfen zu begreifen, daß die Organisation Krankenhaus eine eigenständige Größe ist, die den darin arbeitenden Menschen gegenübersteht und nicht ihre Addition darstellt.[13] Dieser Theorieansatz wird der praktisch-theologischen Institutions- und Organisationskunde helfen, die Eigengesetzlichkeit von Organisationen zu begreifen und die Einzelpersonen nicht ständig zu überfordern. Das Erkennen der in Organisationen wirksamen Regeln macht klar, mit welcher Reichweite einzelne, in Abhängigkeit zu ihrer Position, handeln können.[14]

[13] Grossmann, R.: Die Selbstorganisation der Krankenhäuser. Ein Schlüssel für die Organisationsentwicklung im Gesundheitswesen. In: Ders. u. Krainz, E. u. Oswald, M. (Hg.): Veränderung in Organisationen. Management und Beratung. Wiesbaden 1995, 55–78.

[14] Ich weise in diesem Zusammenhang auf das Werk des Bielefelder Soziologen H. Willke; z.B. Systemtheorie. Eine Einführung in die Grundprobleme der Theorie sozialer Systeme. 4. Aufl. Stuttgart–Jena 1993.

5.5 Der Krankenhausseelsorger als beratendes Mitglied der Betriebsleitung – Die Verbindung von Seelsorge- und Managementkompetenz

Wird der Seelsorger im kirchlichen Krankenhaus, wie dies der Vorschlag des Katholischen Krankenhausverbandes Deutschlands ermöglicht, beratendes Mitglied der Krankenhausbetriebsleitung, erfordert dies eine Ausweitung seiner Kompetenz.[15] In dieser Funktion nimmt er Teil an der Gesamtsteuerung des Systems Krankenhaus auf der oberen Managementebene. Auch wenn er nur beratendes Mitglied ist, braucht er, wenn er nicht zu einer unfruchtbaren Störgröße werden will, gediegene Kenntnisse über das Krankenhaus als Organisation und über die wesentlichen Steuerungsprozesse auf Betriebsleitungsebene. Fruchtbare Störgröße könnte er dadurch werden, daß er sein theologisches und seelsorgliches Wissen zur Verfügung stellt, damit in der Gesamtleitung das System Krankenhaus auch in dieser Perspektive in den Blick genommen wird. Wenn z.B. bei der Investitionsplanung diskutiert wird, ob ein neues Großgerät angeschafft wird, könnte der Seelsorger die Frage stellen, ob dies in die Gesamtzieloption des kirchlichen Hauses paßt. Dabei wird die kritische Analyse des Institutionsmythos praktisch. Er könnte mit seiner Sichtweise den anderen Mitgliedern des Direktoriums helfen, ihren Leitungsdienst im kirchlichen Krankenhaus auch unter einer theologisch-kirchlichen Perspektive zu verstehen. Er könnte ihnen so helfen, ihre Leitungsaufgabe auch als kirchliches Leitungsamt wahrzunehmen. In dieser Funktion wäre er Unterstützer einer Laientheologie im kirchlichen Krankenhaus.

Den vielfältigen Herausforderungen, vor denen das Krankenhaus steht, kann er jedoch nicht nur pragmatisch begegnen. Er weiß, daß Umkehr und Wandel zentrale Kategorien des Glaubens sind. In der theologischen Organisations- und Institutionskunde gilt diese Kategorie nicht nur für den einzelnen, sondern für das Gesamtsystem. Organisationsentwicklung wird damit zu einem Vorgang, der auch einer praktisch-theologischen

[15] Katholischer Krankenhausverband Deutschlands e.V.: Die Struktur des Katholischen Krankenhauses. Freiburg 1982.

Reflexion zugänglich ist. Daß diese ständige Bekehrung auch auf institutionell-organisatorischer Ebene erforderlich ist, ist seit neuestem auch der bereits genannten Erklärung der deutschen Bischöfe zum kirchlichen Dienst zu entnehmen.[16] Diese Wertung der Bischöfe kann als eine Einladung verstanden werden, theologische Institutions- und Organisationskunde zu betreiben. Nach meiner Überzeugung sind die Besten unter den Seelsorgern und Seelsorgerinnen Beziehungskünstler *und* Institutionskundler. In dieser Mischung sind sie Visionäre und Realisten zugleich. Sie haben ein Verhältnis zur großen Hoffnung der Institution und zur mühseligen Konkretion im organisationalen Fragment.

6. Entwicklung eines eigenen theologischen Arbeitsgebietes: Praktisch-theologische Institutions- und Organisationskunde.

Die beschriebene Handlungsdimension braucht ihre Berücksichtigung in der kritischen akademischen Aufarbeitung kirchlichen Handelns durch die Praktische Theologie. Zu fordern ist die Entwicklung einer theologischen Organisations- und Institutionskunde als angewandter praktischer Kirchentheorie.[17] Viele Fragestellungen, die bereits einzeln bearbeitet wurden, könnten unter dieser systematisierenden Hausnummer eine neue Dynamik bekommen. Als interdisziplinäres theologisches Arbeitsfeld hat sie sich vor allem in der Schnittmenge von Pastoraltheologie, christlicher Gesellschaftslehre, Caritaswissenschaft, Fundamentaltheologie und Dogmatik abzuspielen. Die multidisziplinäre Organisationswissenschaft in ihren unterschiedlichen Herkunftssträngen ist ihr interdisziplinärer Hauptgesprächspartner.

[16] Vgl. Grundordnung, 8f.

[17] Gattungsmäßig hat vor Jahren N. Mette hierzu einen wichtigen Beitrag geleistet. Vgl. Kirchlich distanzierte Christlichkeit. Eine Herausforderung für die praktische Kirchentheorie. München 1982; für den diakonischen Bereich wären hier exemplarisch die Arbeiten von J.Jäger zu nennen. Vgl. z.B. Diakonische Unternehmenspolitik. Analysen und Konzepte kirchlicher Wirtschaftsethik. Gütersloh 1992.

Die Themen dieses praktisch-theologischen Arbeitsgebietes sind aus organisationstheoretischer Sicht u.a.: Zusammenhang von Institution und Organisation, Organisationsparadigmen, Organisationskultur, Aufbau- und Ablauforganisation, Organisationaler Wandel, Leitung und Führung, Autorität und Macht, Zusammenhang von Individuum und Organisation, Personalmanagement, usw. Theologisch geht es um die Suche nach einer Kirchentheorie, die auch diakonische Einrichtungen als kirchlich-gemeindliche Orte ausweist. Zu fragen ist nach dem Zusammenhang von Arbeit und Person, nach Organisations- und Tätigkeitsstrukturen, welche die Entwicklung der Person fördern und gleichzeitig für die Organisation funktional sind; nach dem Zusammenhang von Sinnstruktur einer Organisation und ihrer organisationalen Umsetzung, nach einer Theologie der Leitung und Führung. Diese zu schaffende Disziplin kann historisch anknüpfen an jene Tradition, die in der evangelischen praktischen Theorie als Kybernetik bezeichnet wurde;[18] in der katholischen Tradition bei den Konzeptionen, die sich mit Fragen der Berufstheorie beschäftigt haben, jetzt allerdings nicht mehr in einer klerikalen Engführung.
Wissenschaftsorganisatorisch ist die Institutions- und Organisationskunde in der katholischen Theologie bei der Pastoraltheologie oder (falls vorhanden) bei der Diakonie- bzw. Caritaswissenschaft anzusiedeln. In diesen Arbeitsfeldern gibt es traditionell institutionelle und organisatorische Bezüge und Themen. Darüber hinaus ist in diesen Fächern der Bezug zum praktischen Handeln am ehesten gesichert, der für ein solches wissenschaftliches Arbeitsgebiet unverzichtbar ist.
Theologische Institutionskunde hat aus meiner Sicht kritisch und parteilich zugleich zu sein. Parteilich deshalb, weil sie davon ausgeht, daß die Subjektwerdung von Menschen ohne Institution und Organisation gar nicht gehen kann und es deshalb in unseren Zusammenhängen Institution und Organisation braucht. Gerade deshalb ist es wichtig zu klären, wie Organisationen und darin vollzogene Tätigkeiten aussehen, ob

[18] Vgl. Breitenbach, G.: Gemeinde leiten. Eine praktisch-theologische Kybernetik. Stuttgart–Berlin–Köln 1994, 27–81.

sie subjektförderlich sind oder nicht.[19] In dieser Hinsicht ist dieses theologische Arbeitsgebiet grundsätzlich institutions- und organisationsfreundlich.
Zugleich ist es organisations- und institutionskritisch. Es beobachtet die organisationalen Ausprägungen von Institution streng und befragt sie rigoros auf die Funktionalität ihres institutionellen Sinns hin. Das ist deshalb dringend erforderlich, weil Organisationen nicht wertfrei sind, sondern es einen engen Zusammenhang zwischen der Organisation und dem verwirklichten Sinn von Institutionen gibt. Werden Organisationen dysfunktional, so wird den darin arbeitenden Menschen über Gebühr aufgebürdet, den institutionellen Sinn ihrer Organisation zu sichern. Sie müssen dann das ausbügeln, was eine Organisation als System nicht mehr leistet. Dies geschieht in vielen Einrichtungen immer wieder. Deshalb sind Strukturen und die sie begründenden Regeln regelmäßig zu überprüfen und gegebenfalls fortzuschreiben. Sie dienen ja lediglich dazu, die arbeitsteilige Umsetzung der Ziel- und Zweckorientierung einer Organisation sicherzustellen, d.h. sie sind als solche keine sakrosankten Größen.[20]
Die praktisch-theologische Institutionskunde stellt Kategorien zur Verfügung, mit denen kirchliche Einrichtungen in ihrer organisationalen Dimension auch theologisch lesbar werden. Insbesondere geht es um das Durchbuchstabieren des institutionellen Sinns in der Aufbau- und Ablauforganisation, d.h. in der konkreten Gestalt.
Die Institutions- und Organisationskunde entwickelt eine Sprache, die vor allem Leitungsleuten in diakonischen Einrichtungen hilft, ihren Betriebsalltag auch theologisch zu lesen und nicht nur fromme Vor-Reden halten zu müssen. Den Pfarrern und Seelsorgern bringt sie die konstitutive Organisationswirklichkeit ihrer Arbeitsplätze näher, die dringend Deutung brauchen. Für die Organisationsberatung im kirchlichen Kontext

[19] Vgl. zu diesem konzeptionellen Ansatz Büssing, A.: Organisationsstruktur, Tätigkeit und Individuum. Bern–Göttingen–Toronto–Seattle 1992.
[20] Es ist in diesem Zusammenhang darauf zu verweisen, wie ohne Probleme zur Ausschöpfung von Rationalisierungsreserven unter der Modenummer „Lean-Management“ ganze Hierarchieebenen abgeschafft wurden.

liefert sie ein Sprach- und Analysegerüst, das die Spezifika des kirchlichen Feldes berücksichtigt.
Ich vermute, daß ein solches akademisches Arbeitsgebiet auch zur Versöhnung von Diakonie und Pastoral beitragen könnte. Auf jeden Fall wäre es für die Arbeit in kirchlichen Einrichtungen hilfreich. Je präziser die Theorie der praktisch-theologischen Institutions- und Organisationskunde entwickelt wird, desto wirkungsvoller wird ihre kritische Funktion in der Praxis sich entfalten können.

Martin Wichmann

„Sei besiegelt..."
Exemplarische Professionalität in einem trivialen System

Betrachtung zu Mk 10, 43a parr

„Bei euch aber soll es nicht so sein!" Mit der Heiligen Schrift ist das so eine Sache. Vermutlich ließe sich anhand der Rezeptionsgeschichte der Bibel auch eine Sittengeschichte der Kirche schreiben. Jedenfalls lassen spirituell bevorzugte Bibelstellen nolens volens Rückschlüsse auf das Empfinden und das Selbstverständnis der Christen zu, individuell – und kollektiv. Während manche Hinweise der Bibel auch heute noch kritisches Potential enthielten (Mk 12,38f), hat die Kirche andere gewissermaßen zu Wahlsprüchen erhoben. Der oben zitierte strenge Verweis Jesu entstammt einer von den Synoptikern überlieferten Perikope und gehört – weniger im Textzusammenhang als in dieser schlagwortartigen Kurzform – gewiß zum „internen" Kanon kirchlich bestens rezipierter Sätze. Die Kurzform läßt den *im Text* angeprangerten Machtmißbrauch der „Großen" kaum erahnen, die sich ergebende Sinnverschiebung ins Allgemeine aber ist Programm: Kirche ist Kontrastgesellschaft. Oder etwas schlichter: Was für alle gilt, gilt für uns noch lange nicht. Mit dieser Bibelstelle ist zwar die emotionale Reserve der Kirchenleute gegenüber soziologischen Kategorien keineswegs erklärt, wahrscheinlich ist es sogar umgekehrt: Die Furcht vor dem „erklärenden" Zugriff rein weltlicher Deutemuster scheint sich mit jenem Markus-Zitat ideal abfedern zu lassen. Bei uns kann, darf und soll es nicht so sein wie anderswo und überall, denn schließlich sind wir Kirche. Das Kriterium des „Andersseins" ist jedenfalls zum gern postulierten Signum für Kirchlichkeit geworden.

Darin *könnte* natürlich eine enorme Herausforderung für jeden Christen, für jede Kirchengemeinde, für die Kirche insgesamt liegen. Und gerne werden jene Forschungsergebnisse der neutestamentlichen Wissenschaft zitiert, die die Popularität der jungen Christengemeinden vor der Konstantinischen Wende mit ihrem augenfälligen „Anderssein" im sozialen und gesellschaftlichen Bereich erklären. Doch enthält das formale Kriterium des „Andersseins", das auch ganz gut zur dualistischen Geist-Welt-Theologie eines Johannes zu passen scheint, praktisch eine durchaus zwiespältige Ambivalenz: Wir sind Kirche und darum (positiv) *nicht so* wie die Welt; und insofern aber auch (negativ) von dieser Welt *nicht so* zu beurteilen. Die Distanz zu allem rein Innerweltlichen als Bewertungsmaßstab christlichen Selbstverständnisses war konstitutiv für eine ganze apologetische Tradition mit im Grunde bis heute ungelösten Problemen für das Verhältnis von Theologie und Philosophie.[1] Die theologisch motivierte Distanzierung avancierte aber auch zur fatalen Entlastungsfunktion für christliche Praxis. Das „Bei euch soll es nicht so sein", das im Frühchristentum offenbar zu besonderem gesellschaftlichen Engagement und innovativen, egalitären Lebensformen motivierte, wird heute gerne auch als wohlfeiler Dispens von gesellschaftlichen Leistungsansprüchen interpretiert. So verstanden, bedeutet unser Zitat die Erlaubnis, ja regelrecht die Aufforderung, im kirchlichen Bereich mit „nicht so strengen Maßstäben" zu messen, Leistungsstandards „wie in der Wirtschaft üblich" abzulehnen, kurzum „menschlich" zu sein.

Solche Interpretation verhält sich kongenial zu einer volkstümlichen Kapitalismuskritik (niemanden ausbeuten) und einer romantischen Technik- und Fortschrittsskepsis (Mensch bleiben). Sie setzt Begründungspotential frei, z.B. für jenen Pfarrer, der sich damit brüstet, nach Antritt der neuen Pfarrstelle zuerst das vom Vorgänger angeschaffte Faxgerät wieder abgeschafft zu haben oder für jene pastorale Mitarbeiterin, die aus Überzeugung und nicht aus Mangel an finanziellen Mitteln ihr Arbeitszimmer mit ausrangierten, defekten Büromöbeln der fünfziger Jahre vollstellt. Professionalitätsverweigerung als Glaubenszeugnis: „Bei euch aber..."

[1] Verweyen, H.: Gottes letztes Wort. Grundriß der Fundamentaltheologie. Düsseldorf 1991, 50–58.

Professionelle der Kirche

An dieser Stelle muß einem bei allen Beteiligten leicht einschnappenden Reflex vorgebeugt werden. Es gilt, keinen Popanz aufzubauen, der etwa in der Alternative Professionalität kontra Menschlichkeit bestünde. Weder soll hier einem einseitig ökonomistisch ausgerichteten Effizienzdenken das Wort geredet werden, noch und schon gar nicht geht es darum, gegen die Menschlichkeit (in) der Kirche zu polemisieren. Wenn hier für Professionalität in der pastoralen Arbeit plädiert wird, dann muß das auf der Folie einiger Realitäten gesehen werden: Wer als pastoraler Mitarbeiter ein differenzierteres Instrument zur Terminplanung benutzt als den Jahresgeschenk-Kalender der örtlichen Bank, darf sich für gewöhnlich ja schon als professionell arbeitend verstehen. Gleiches gilt für alle, die ihre Arbeit in pastorale „Projekte" zu gliedern wissen und für diese gar vielleicht einen Terminplan und einen Maßnahmenkatalog erstellt haben. Wer schließlich in der Lage ist, überprüfbare Ziele für seine Arbeit wenigstens ansatzweise zu formulieren oder zumindest einige formale Kriterien für „gute" pastorale Arbeit benennen kann, der hat schon einen hohen Stand innerkirchlicher Professionalität erreicht. Denn darüber wird normalerweise nicht nur nicht nachgedacht, schon die Frage nach Ziel, Kriterium und Maßstab wird als anstößig empfunden, sie ist schlicht verpönt.

Wenn ich nun im folgenden Aspekte professioneller Arbeit in der Kirche aufzähle, so dürfte deutlich werden, wie wenig es um ein perfektes Korsett technokratischer Imperative oder um kühl zweckrationales Menschen-Management geht, sondern schlicht um die Formulierung einiger Standards, die hauptberufliche Arbeit in der Pastoral kennzeichnen und als bezahlte Tätigkeit rechtfertigen.

- Es geht um handwerklich einwandfreie und methodisch saubere Arbeit. Zum Beispiel: Wo Mitarbeiter (gedanklich und schriftlich) vorbereitet in Besprechungen gehen, wo die elementaren Grundregeln der Gesprächsführung, der Geschäftsordnung oder der Gruppendynamik beherrscht und – je nach Situation – selbstverständlich angewandt werden, wo es knappe und präzise Tischvorlagen und überschaubare Arbeitseinheiten mit eingehaltenen Pausen gibt, dort wird professionell gearbeitet.

- Es geht um nüchterne und realistische, also vorgegebene Bedingungen beachtende Arbeit. Zum Beispiel: Wo hauptberufliche Mitarbeiter in der Pfarrgemeinde wahrnehmen und respektieren, daß sie in der Regel eine (deutlich) kürzere Zeitspanne in jener Gemeinde leben und arbeiten als die Ortsansässigen; wo sie wahrnehmen und respektieren, daß die Gemeindemitglieder ihr hauptberufliches Engagement qua Kirchensteuer bezahlen, daß sie also für Dienst-Leistung entlohnt werden; wo sie wahrnehmen und respektieren, daß Kirche für die sich zunehmend ausdifferenzierende und globalisierende Lebenswelt der einzelnen nur noch ein (regionaler) Sinn- und Freizeitanbieter unter anderen ist, die Lebens- und Arbeitszeit für alle aber gleichbleibt, dort wird professionell gearbeitet.
- Es geht um strukturierte und rollenadäquate Arbeit. Zum Beispiel: Wo Mitarbeiter ihre Zuständigkeiten untereinander präzise absprechen, wo sie erkennbar zwischen persönlichen und beruflichen Interessen und Absichten trennen, wo sie die an sie gestellten Rollenerwartungen in situationsadäquates Verhalten umsetzen, wo sie im Umgang mit Kollegen, Mitarbeitern und Gemeindegliedern bestehende Grenzen einhalten, dort wird professionell gearbeitet.
- Es geht um verantwortliche und reflektierte Arbeit. Zum Beispiel: Wo Mitarbeiter einzelne Tätigkeiten engagiert in den Duktus grundsätzlicher Anliegen einordnen, wo sie – umgekehrt – gelassen um die Relativität der eigenen Bemühungen wissen, wo sie auch den Arbeitsalltag doppelt vom Blick auf das Ganze und von der Kenntnis des Zentrums ihrer Arbeit korrigieren, wo sie nachvollziehbare Prioritäten in der Fülle möglicher Aufgaben setzen und persönliche Vorlieben diesen nachordnen, wo sie last not least die ihnen anvertrauten Sach- und Finanzmittel transparent, verantwortet und optimal einsetzen, dort wird professionell gearbeitet.

Diese Aspekte und Beispiele sind unvollständig. Und doch wird jeder „Insider“ zugeben: Sie sind selten (alle) anzutreffen. Aufgrund dieser Erfahrung und nur in dieser Hinsicht bezeichne ich die „Pfarrgemeinde“, für die das Gros der kirchlichen Mit-

arbeiter tätig ist, als „triviales System“: Selbst vage angesetzte Standards sind immer nur partiell und aufs Ganze gesehen eher selten erfüllt. Inwiefern diese Zuschreibung auch für übergeordnete kirchliche Ebenen gilt, mögen die dort Arbeitenden entscheiden.
Um das bisher allgemein Gesagte zu verdeutlichen, wird im folgenden exemplarisch und mit relativ geringem Abstraktionsgrad dargestellt, was professionelle Arbeit im trivialen System „Pfarrgemeinde“ heißen könnte. Es geht um eine pastorale Standardsituation, die sich durch einige Besonderheiten auszeichnet: Zum einen tritt sie mit zyklischer Regelmäßigkeit ein und ihre Bewältigung ist ein umfangreiches und zeitraubendes Unterfangen; das läßt es lohnend erscheinen, sie konzeptionell anzugehen. Zum anderen ist sie in ihren Rahmenbedingungen nur sehr gering determiniert, die konkrete Bewältigung der Situation ist lokal sehr verschieden, praktisch oft schwierig, pastoral umstritten und theologisch offen; das macht mehrere Lösungen denkbar, kein Ergebnis ist unmittelbar zwingend. Die Rede ist von der Notwendigkeit, Jugendliche in der Pfarrgemeinde auf den Empfang des Sakramentes der Firmung vorzubereiten.

Eine Skizze zur Regelsituation der Firmpastoral

1. Unter den sieben Sakramenten, die die katholische Kirche kennt, ist das Sakrament der Firmung für den theologischen Laien am wenigsten plausibel: Mit der Taufe wird man Christ, Paare leben in der Ehe, die Priester empfangen die Weihe, die Eucharistie ist *der* katholische Gottesdienst, die Beichte ermöglicht Vergebung, die Krankensalbung spendet Kranken Trost, aber was „bringt“ die Firmung? So fragen nicht nur Jugendliche. Die Antworten wirken hölzern und erfolgen zumeist nach indigniertem Verweis für die konsumistische Erwartungshaltung, die man bei einem Sakrament nicht haben dürfe.
2. Sakramententheologisch zählt die Firmung zur Initiation.[2]

[2] SC 71.

Die zeitliche Trennung von der Taufe ist nicht theologisch, sondern historisch bedingt.[3]

3. Kirchenrechtlich gehört die Firmung zu den Soll-Voraussetzungen für die Eheschließung (Can. 1065, § 1). Was das konkret bedeutet, liegt faktisch im Ermessen des trauungsassistierenden Priesters. Die Vorbereitung auf die Firmung kann nur ausnahmsweise entfallen (Can. 889, § 2).

4. Pastoral wurde die Firmung in den letzten Jahren zunehmend aufgewertet. Während Ältere noch von Massenfirmungen ohne Vorbereitung erzählen, hat sich heute eine intensive, der Erstkommunionkatechese analoge Vorbereitung für immer weniger Firmanden durchgesetzt.

Das Firmalter steigt stetig. Während die meisten Pfarrgemeinden davon abkamen, Kinder mit elf oder zwölf Jahren zu firmen, sind andere bereits bei 18 Jahren angekommen oder streben dies an. Die Verantwortlichen teilen sich in zwei Lager: „Progressive" begrüßen diese Entwicklung, die eine „echte Entscheidung" ermögliche. „Konservative" bremsen, da die Jugendlichen mit zunehmendem Alter und „nach der Schulzeit nicht mehr zu erreichen" wären.

Die Firmung entwickelt sich so vom Bestärkungs- zum Entscheidungssakrament, dem ein quasikatechumenaler Weg vorausgehen soll, wie etwa für erwachsene Taufbewerber. Deswegen und aufgrund „prozeßorientierter" und „ganzheitlicher" Ansätze ergibt sich eine immer zeitintensivere und längere Vorbereitung der Firmanden, die nur selten unter einem halben Jahr liegt.

5. Die meisten lassen sich dennoch vor allem aufgrund des immer noch bestehenden Sozial- und Gruppendrucks firmen. Manifeste Erwartungen der Verwandtschaft, die Befürchtung, nicht oder „nicht in Weiß" heiraten zu dürfen oder andere sekundäre Motive geben den Ausschlag. Wer zur Katechese kommt, geht normalerweise auch zur Firmung, wer nicht gefirmt werden will, bleibt der Vorbereitung von vornherein fern. Eine Glaubensentscheidung (positiv wie negativ) findet gewöhnlich nicht statt und wäre auch altersunangemessen. Jugendliche sind mit der beginnenden Ablösung vom Elternhaus,

[3] KKK Nr. 1290f.

der Berufs- und Ausbildungswahl und der Suche nach Freundschaften gefordert. Tradierte Wert- und Sinnsysteme müssen sie alterstypisch zumindest vorläufig ablehnen, um den eigenen Entscheidungsraum überhaupt zu erkennen.
6. Die Gemeindepastoral ist insgesamt in der Krise. Jung und alt meiden zunehmend die Verbindlichkeiten fester Gruppen. Praktisch alle pfarrgemeindlichen Gruppen klagen über mangelnden Nachwuchs. Die „aktiven" Gemeindeglieder rechnen dennoch nicht ernsthaft mit nennenswertem Zuwachs an neuen oder gar jungen Christen, die daraus resultierenden gruppendynamischen Veränderungen fürchten sie zumeist.
7. Es wird immer schwerer, geeignete Erwachsene zur Begleitung von Firmgruppen zu gewinnen und zu motivieren. Ältere Erwachsene scheuen den Zeit- und Kraftaufwand, jüngere die katechetischen Inhalte, viele scheuen beides. Die (dadurch nötige) Begleitung der Firmgruppenbegleiter gerät im günstigsten Fall zum Glaubenskurs für interessierte Erwachsene, ein sekundärer, aber willkommener Effekt der eigentlich beabsichtigten Vorbereitung der Jugendlichen.
8. Die Firmkatechese verpufft (dennoch) wirkungslos, und zwar unabhängig von den gesetzten Zielen. Es kommen weder mehr Jugendliche in den Gottesdienst noch fällen sie eine Glaubensentscheidung. Firmkatechese ist bestenfalls Motivationsverstärker für bereits in der Pfarrgemeinde engagierte und bekannte Jugendliche.
Die zur Vorbereitung gebildeten Firmgruppen sind Kunstgebilde, die über kurz oder lang wie Seifenblasen platzen, da die Erwachsenen ihre Mitarbeit zeitlich befristen. Eine Integration ins Gemeindeleben findet nicht statt.
9. Die Jugendlichen sind daran aber normalerweise auch nicht interessiert. Durch Schule, Freundeskreis, Fernsehen und meist mehrere Freizeitaktivitäten in Sport oder Musik fühlen sie sich voll ausgelastet. Einen passenden Termin für alle zu finden ist *das* organisatorische Problem, an dem die besten katechetischen Absichten scheitern.
Die zeitliche Beanspruchung verdichtet sich einige Wochen vor der Firmung. Etliche Termine kommen hinzu: Bußfeier, Gottesdienstvorbereitung, Musik- und andere Proben. Am Ende der immer aufwendigeren Firmvorbereitung sind alle Betei-

ligten (Pfarrer, Katecheten, Firmanden) froh, daß es (fürs erste) vorbei ist.

10. Die meisten Jugendlichen kennen heute unbeschadet des Religionsunterrichtes kaum noch die elementarsten Glaubensinhalte, die Kirche vor Ort praktisch gar nicht. Die Tendenz ist weiter abnehmend, trotz individueller, regionaler und schichtenabhängiger Ausnahmen. Die meisten Erwachsenen kennen den Glauben und die Kirche vor Ort nur aus der Vergangenheit.

Die zahlreichen, im Handel erhältlichen katechetischen Unterlagen werden von vielen Katecheten als unbefriedigend gewertet und höchstens steinbruchartig genutzt. Anleitungen, die das Baukastensystem zum Prinzip erheben, kommen daher noch am besten an.[4]

Exkurs I: Eine religionspsychologische Hypothese

Die Dreieinigkeit scheint mir, wenn ich sie simplifizierend mit Gott – Mensch – Geist übersetzen darf, eine ontogenetische, vielleicht sogar phylogenetische Reihenfolge darzustellen. Ob sich alttestamentlich die Vorstellung vom Gottmenschen zeitlich *vor* der Vorstellung der Weisheit als eigenständige Gottheit entwickelt hat, vermag ich nicht zu beurteilen. Die Vorstellung eines transzendenten, doch wirkmächtigen Schöpfergottes ist aber sicher älter.

Religionspsychologisch kann man jedenfalls beobachten, daß Jugendliche für die Gottesfrage sehr wohl offen sind. Woher komme ich? Was ist der Sinn des Ganzen? Gibt es einen tragenden und alles bestimmenden Grund? Der pubertäre Umbruch relativiert das bislang naiv übernommene Wertesystem und läßt Jugendliche „Gott und die Welt" grundsätzlich und radikal in Frage stellen.

Jesus, in der Erstkommunionkatechese noch als „Freund" vorgestellt und angenommen (trotz der dazu nötigen erheblichen Abstraktionsleistung), kann für Jugendliche vielleicht als frü-

[4] Moser, M. u. Rimmele, H. (Hg.): Den Heiligen Geist suchen und erleben. Handreichung. Freiburg 1991.

herer Revolutionär und Prophet in Geltung bleiben, aber nicht darüber hinaus. Das ändert sich in der späten Adoleszenz. Mit der Partnerwahl, in dem Maße, in dem junge Erwachsene einen konkreten Menschen mit Schwächen und Kanten der Suche nach einem „Prinzen“, einer „Traumfrau“ vorziehen, sind sie für das menschliche Profil Gottes aufgeschlossen. Wer ein geschichtliches und kein abstraktes „Du“ sucht, wer selbst schon auf ein Stück Lebensgeschichte zurückblickt, kann Interesse für die Geschichte(n) anderer, so auch z.B. der Bibel, des Jesus von Nazareth, für die historische Seite christlicher Gottesverehrung, das geschichtliche „Du“ Gottes aufbringen. Konkrete Bibelarbeit, z.B. in Bibelkreisen, ist für junge Erwachsene darum erstmals wirklich interessant.

Die Frage nach dem Geist, nach einer alles noch einmal überbrückenden Spiritualität, stellt sich meines Erachtens erst viel später. Menschen in oder nach der Lebensmitte fragen sehr wohl, ob es – nach den Mühen und Kämpfen der ersten Hälfte – noch etwas gibt, was sie „in Zungen reden“ läßt, was sie inspiriert, was Atem, Leben und Weisheit bewirkt. Die gleiche Frage mit Jugendlichen besprochen, führt günstigstenfalls zu trinitarischen Spekulationen.

Bei aller Unschärfe im Detail könnte man so grob das zweite Lebensjahrzwölft als „spekulatives“, das dritte als „inkarnatorisches“ und die Zeit danach als „spirituelles“ Lebensalter bezeichnen. (Die ersten zwölf Jahre wären somit wohl als „initiatorisches“ Lebensalter zu begreifen...)

Stimmt diese Hypothese im großen und ganzen, und dafür spricht ja einiges, hätte dies fatale Konsequenzen für die Katechese der Initiationssakramente. Die Erstkommunionkatechese würde vor, die Hinführung zur Firmung genau *in* das spekulative Lebensalter treffen. Die Katecheten hätten die dankbare Aufgabe, junge Menschen für das Wirken des Geistes aufzuschließen, die – wenn überhaupt – die spekulative Frage nach Sinn und Grund, nach Schöpfung und Allmacht, nach Kosmos und Leben, also nach Gott, stellen. Eine Geistkatechese im expliziten Sinn des Sakramentes müßte notwendig ins Leere laufen, weil sie in gewisser Hinsicht zu spät, in anderer zu früh geschieht.

Realität ernüchtert, entlastet – und fasziniert.

Man mag sich von der Fülle der genannten – und vermutlich noch immer unvollständigen – Bedingungsfaktoren erschlagen fühlen. Beim zweiten Blick kann aber nicht bestritten werden, daß diese Faktoren unmittelbar in die Frage der adäquaten Firmkatechese hineinspielen. Aus dem skizzierten Bedingungsgefüge lassen sich einige Folgerungen ableiten:

- Die Firmkatechese muß die faktische Bedeutung des Firmsakramentes beachten. Es ist Abschluß einer unfreiwilligen Initiation, keine Verpflichtung zur pfarrgemeindlichen Mitarbeit oder zu ungewöhnlichem religiösen Eifer. Wer ungefirmt kirchlich heiraten möchte, muß zumindest mit einigen Fragen rechnen. Als bewußte Bejahung des bisherigen Christwerdens hat die Firmung Entscheidungscharakter. Wer diesen Entscheidungscharakter jedoch betont, leistet dem Paradigmenwechsel von der Volks- zur Entscheidungskirche Vorschub. Die Konsequenzen für die ganze Kirche (und bei bezahlten Mitarbeitern nicht zuletzt im Blick auf den eigenen Arbeitsplatz) sollten zu Ende gedacht und verantwortet sein.
- Die Firmkatechese muß die Lebenssituation der Jugendlichen beachten. Konkret bedeutet dies Beschränkung. Beschränkung auf maximal einen Termin pro Woche, einschließlich aller außerordentlichen Veranstaltungen wie Bußgottesdienst oder gemeinsamen Ausflügen. Beschränkung aber auch in der Gesamtdauer der Vorbereitung. Eine ganzjährige Firmkatechese erreicht nicht signifikant mehr als eine halbjährige. Beschränkung sodann im katechetischen Anspruch. Firmkatechese kann nicht familiäre Erziehung, schulischen Religionsunterricht und pfarrgemeindliche Einbindung substituieren und quasi als Konzentrat bieten, schon gar nicht kann sie prophylaktische Antworten auf (noch) nicht gestellte Fragen geben. Beschränkung schließlich in der Bekenntnis- und Engagementerwartung. Das Jugendalter ist die Zeit der (Ver-)Suche, nicht der Entscheidungen. „Sichtbare“ und vorweisbare Bekenntnisse sind kein Garant für größere lebenspraktische Konsequenz.
- Die reale Situation der Pfarrgemeinde muß die Firmkate-

chese zweifach ernstnehmen. Zum einen: eine „lebendige“ Gemeinde mit vielen Gruppen vor allem im Jugendbereich kann natürliche Integrationsmöglichkeiten bieten. Wo diese nicht gegeben sind, sollten sie aber auch nicht vorgetäuscht werden. Eigens für die Firmvorbereitung initiierte Projekte wie offene Jugendarbeit oder jugendgemäße Gottesdienste strapazieren nicht nur ehrenamtliches Engagement, sie bluffen auch die Firmanden, weil solches kaum über den Firmgottesdienst hinaus Bestand hat. Die treuherzige Hoffnung, „daß vielleicht etwas entsteht“, überspielt die Frage, weshalb gerade jetzt mit kirchenabständigen Jugendlichen möglich sein soll, was die „Kerngemeinde“ bislang nicht zuwege gebracht hat. Anders gesagt: Teestuben, Versöhnungstage, Neues geistliches Lied, Jugendstufenarbeit, aber auch Glaubenskurse für Erwachsene usw. sind wichtige Elemente in einer Pfarrgemeinde. Nur haben sie nichts (unmittelbares) mit der Firmkatechese zu tun – außer, daß sie leichter wäre, wenn es gäbe, was ohnehin gut wäre ... Wer Jugendliche aber auf Dauer gewinnen will, sollte sie mit der realen Situation vertraut machen und nicht bloß guten Willen demonstrieren. Ein besseres Angebotsspektrum ist Anliegen der „Kerngemeinde“, nicht der Firmanden!
Zum anderen dürfen sich die Verantwortlichen von der Firmvorbereitung natürlich eine (auch zahlenmäßige) Bereicherung der bestehenden Gruppen versprechen. Einstellungsänderungen (und darum geht es beim Christwerden!) sind in langfristigen Beziehungen und Bindungen jedenfalls wahrscheinlicher als durch „einmalige Erlebnisse“, wie sie ungewöhnliche Jugendgottesdienste oder aufwendige Aktionstage bieten können. Jugendliche sind nicht nur durch die Intensität einzelner Veranstaltungen oder das Charisma einzelner Personen zu faszinieren, sondern auch durch das bunte Spektrum der Wirklichkeit, wie sie ist.

- Die Firmkatechese muß mit der Arbeitsbereitschaft der ehrenamtlichen Katecheten und Katechetinnen schonend umgehen. Wo die für die Firmanden formulierte Ein-Termin-pro-Woche-Grenze auch für die Katecheten eingehalten wird, wo das erwartete Maß an Mitarbeit vorab reell und für einen überschaubaren Zeitraum benannt wird, wo die Mitarbeiter *mit* ihren Fähigkeiten und nicht über diese hinaus gefragt sind, wo schließlich das zugesagte Engagement nicht zum Aufhänger für weitere Aktivitäten mißbraucht wird, dort werden sich auch weiterhin Erwachsene zur Firmkatechese bereit erklären.

Discover Parish – entdeck' die Pfarrei

Illustrierend sei eine konkrete Umsetzung vorgeschlagen: Unter dem im obengenannten Sinn programmatisch zu verstehenden Logo „Discover Parish" werden die Firmanden zur Teilnahme an einer „Aktion" angeschrieben, die in fünf „Schienen" verläuft.

Zum ersten: Junge Leute treffen. Auf die „klassische" Firmgruppe wird zugunsten einer „peer-group" verzichtet, die aus etwa acht Firmanden besteht und von höchstens 25-jährigen aus der Pfarrgemeinde begleitet wird. Die Treffen sollten zwanglos und im wesentlichen selbst organisiert sein, ohne inhaltliche Vorgaben. Nehmen die Firmanden an einer kirchlich angebotenen Sommerfreizeit (KJG, DPSG, o.ä.) teil, wird ihnen die Peer-group-Teilnahme erlassen.

Zum zweiten: Gottesdienste kennenlernen. Alle Firmanden werden aufgefordert, im Laufe der Aktion Gottesdienste zu besuchen. Die Wahl der Gottesdienste und der Kirche wird ihnen freigestellt, sie erhalten das örtliche Pfarrblatt zur Information und Reflexionsanleitungen in einem Begleitheft.

Zum dritten: Wo die Kirche hilft. Gegen die Kirchturmfixierung des öffentlichen Kirchenbildes hospitieren alle Firmanden bei einer der örtlichen karitativen Einrichtungen in kirchlicher Trägerschaft (Kindergärten, Krankenhaus, Sozialstation, Bahnhofsmission, usw.). Dazu werden Termine und Gruppengrößen mit den Leitern der Institutionen abgesprochen und den Firmanden zur Auswahl gegeben.

Zum vierten: Den Glauben erkunden. Die Katecheten werden gebeten, *ein* Thema (statt wie bisher alle) aus einer Auswahl basaler Katechesethemen besonders gut vorzubereiten und dies mehrfach für wechselnde Gruppen anzubieten. Der Vorbereitungsaufwand für die Katecheten reduziert sich drastisch, und die Firmanden lernen mehrere Erwachsene der Pfarrgemeinde kennen. Aus dem angebotenen Spektrum müssen sie eine gewisse Mindestzahl besuchen. Thema bzw. Katechet und Termin können sie wählen.

Zum fünften: Gemeinschaft erleben. Fakultativ wird den Firmanden die befristete Teilnahme an Gruppen und Kreisen der Pfarrgemeinde angeboten. Alle bestehenden Gruppen werden auf ihre Bereitschaft dazu und die Höchstzahl möglicher Gäste vorher befragt. Um den Firmanden den Einstieg zu „erleichtern", werden ihnen – falls sie das Angebot annehmen – im Gegenzug einige Pflichtkatechesen erlassen.[5] Die Gemeindegruppen erhalten so die Chance, die nur „halb freiwillig" kommenden Jugendlichen menschlich anzusprechen und eventuell sogar über die Firmung hinaus zu integrieren.

Um ein solches Angebot zu erstellen, bedarf es natürlich einiger Vorleistungen. Neben der nötigen Überzeugungsarbeit in der „Kerngemeinde" gilt es vor allem, genügend Katecheten und Peer-group-Begleiter zu werben, um überhaupt eine Auswahl zu ermöglichen. Sodann sind die karitativen Institutionen und die Verantwortlichen der Gemeindegruppen anzufragen. Schließlich müssen die konkreten Zahlen in einen Terminplan eingepaßt werden: Alle fünf Schienen dürfen zusammen nicht mehr als (rechnerisch) einen Termin pro Woche geben, eine Auswahl soll dennoch möglich sein, und insgesamt darf es nicht zu lange dauern…

Ein in einer Kleinstadt (zwei Pfarreien, knapp 6 000 Katholiken) entsprechend durchgeführtes Experiment ergab ernüchternde Zahlen. Hätten sich alle 240 angeschriebenen Jugendlichen für diese Aktion angemeldet, wäre sie undurchführbar gewesen: Es gab weder genügend Katecheten, schon gar nicht genügend Peer-group-Begleiter. Die Firmanden hätten die Gemeindegruppen ohne weiteres sprengen können: Die durchschnittlich aufzunehmenden Jugendlichen übertrafen die Zahl der Engagierten bei weitem. Aufgrund der „Kapazitätsgrenzen" wurden die Firmanden daher auf sieben Katechesen (davon eine zum Thema „Firmung/Hl. Geist"), sechs Peer-group-

[5] Tzscheetzsch, W.: Erziehungshandeln ist Beziehungshandeln. In: Diakonia 25 (1994), 46–49.

Treffen, drei Gottesdienste und eine Hospitation in einer karitativen Einrichtung verpflichtet. Daneben sollten alle zu einem Eröffnungs-, einem Abschlußfest und zu einem „Versöhnungstag“ kommen. Für die befristete Mitarbeit in einer Gemeindegruppe wurden ihnen fünf Katechesen erlassen.
Die Katecheten wählten ihr Angebot unter den Themen: Vom Beten, Erste Schritte zur Meditation, Die Frage nach Gott, Firmung/Hl. Geist, Die Thora, Das Markusevangelium, Die Sakramente, Die Eucharistiefeier, Mit der Kirche feiern (Kirchenjahr), Singen und lesen im Gotteslob. Die Einführung ins Beten sowie in das kirchliche Gesangbuch wollte niemand übernehmen, dafür waren gleich mehrere zur Anleitung in Meditation bereit…
Rund achtzig Prozent der Firmanden wollten Gemeindegruppen kennenlernen, und obwohl einige dort nie erschienen waren, konnte im Ergebnis jeder vierte Firmand in die Gruppe seiner Wahl tatsächlich integriert werden. *Vor* der Firmung war jeder zehnte der zukünftigen Firmanden in einer Gruppe engagiert, *nach* der Firmung und nach Abschluß der Aktion war es jeder dritte.

Exkurs II: Zum Charakter von Modellen

Noch einmal muß einem Reflex vorgebeugt werden. Die hier vorgestellte Umsetzung ist ein Modell, kein Rezept. Es ist keine Handlungsanweisung, die ohne gründliche Analyse der eigenen Situation und ohne die genannten allgemeinen Überlegungen einfachhin appliziert werden könnte. Situationsskizze, Folgerungen und Umsetzung gehören hier zwingend zusammen, sie stehen nicht beliebig und beziehungslos nebeneinander. Das muß betont werden, weil es nicht üblich ist, praktische Entwürfe aus theoretischen Überlegungen folgerichtig abzuleiten. Selbst wo dieser Eindruck durch eine entsprechende Textgliederung erweckt wird, sind Praxisvorschläge und Theoriehintergrund häufig unabhängig voneinander entstanden und in der Regel nur lose miteinander verknüpft.[6]

[6] vgl. z.B. Handreichung zur Firmpastoral. In: Impulse aus der pastoralen Initiative, Heft 3. Hg. v. Erzb. Ordinariat. Freiburg 1995.

Modelle stehen vermittelnd zwischen Theorie und Praxis. Sie sind weder mit der Theorie noch mit der Praxis identisch. Leider wird alltagssprachlich schon jedes (auch konstruierte) Beispiel eines theoretischen Systems „Modell“ genannt, wie umgekehrt jedem schriftlich dokumentiertem Vorgehen in der Praxis unversehens „Modellcharakter“ zugesprochen wird. Im ersten Fall illustriert das Modell die Theorie, im zweiten Fall wertet es die Praxis auf. In beiden Fällen werden aber Theorie und Praxis nicht wirklich vermittelt.

Von einem Modell im engeren Sinne kann man erst nach mehreren Teilschritten sprechen. 1. Eine gegebene Situation wird nicht nur konstatiert, sondern auch (in ihren Widersprüchen und Aporien) theoretisch durchschaut. Das bedarf der Fähigkeit zur Distanz und analytischer Kompetenz. 2. Die Analyse wird in zwar abstrakte, aber praxisrelevante Konsequenzen umgesetzt. Das bedarf der Intuition und konzeptioneller Kompetenz. 3. Diese Konsequenzen werden für eine konkrete Situation durchbuchstabiert. Das bedarf der nüchternen Wahrnehmung und logistischer Kompetenz. 4. Mit diesen Voraussetzungen wird ein theoretisch untermauerter Versuch gestartet. Das bedarf des Mutes und pädagogischer Kompetenz. 5. Erst der kritische Vergleich der gemachten Praxisanalyse, der formulierten Konsequenzen und der operationalisierten Schritte mit dem durchgeführten Versuch versetzt in die Lage, ein Modell zu postulieren. Dazu bedarf es der Fähigkeit zur Reflexion und hermeneutischer Kompetenz. Denn dieser letzte Schritt triumphiert nicht über die vorhergehenden, sondern korrespondiert mit ihnen in ideologiekritischer Absicht. Selbstverständlich steht mit jedem weiteren Durchgang durch diesen Theorie-Praxis-Zirkel eine progressive Qualifizierung zu erwarten, und man kann mit Recht von einem Modell sprechen. Um es aber in eine neue Situation zu übertragen, bedarf es wieder der oben genannten Schritte, zu denen das Modell lediglich als theoretische Vorgabe dienen kann.

5. Das Pars-pro-toto-Prinzip

So verstandenes professionelles Handeln zeitigt Folgen. Teilsysteme, wie z.B. die Firmvorbereitung in der Pfarrgemeinde, können sich nicht ändern, ohne die benachbarten und vernetzten Teile mit zu beeinflussen. Stünde nicht jedes Teil auch fürs Ganze, wäre es kein „System“. Professionelles Handeln wirkt daher nie nur isoliert, sondern immer – exemplarisch – auf das ganze System.

- Zuerst ist die Widerständigkeit des Systems, konkret der Widerstand seiner Vertreter, also der engeren Mitarbeiter in der Pfarrgemeinde verständliche Folge. Diese arbeiten ja im allgemeinen nicht trotz, sondern wegen der professionellen Defizite in ihrem System, das eigenen Wünschen (z.B. nach selbstbestimmtem Handeln) und Befürchtungen (z.B. vor Leistungsvergleichen) entgegenkommt. Von daher ist mit qualifiziertem wie irrationalem Protest, mit stillem wie demonstrativem Rückzug, mit unbewußter, aber auch mit offener Obstruktion zu rechnen.
- Professionelles Handeln in einem trivialen System ist keine wertfreie Sekundärtugend und kann es gar nicht sein, weil eben zumindest Professionalität als Wert eingeführt wird. Diese ist nicht nur Methode und Haltung eines Mitarbeiters, sie transportiert als ideologiekritische Hermeneutik auch Inhalte, die nicht für alles instrumentalisierbar sind. Wer z.B. die oben durchgeführten Analysen nachvollzieht, wird auch das Rollenverständnis des Pfarrers und die (dazugehörige) Definition von „Gemeinde“ neu überdenken müssen. Von daher sind Rollenunsicherheiten, Irritationen und emotional bedingte, restaurative Tendenzen zu erwarten.
- Professionelles Handeln zeigt deutlich die Grenzen auf. Grenzen und Abhängigkeiten des Systems, Grenzen der eigenen Bereitschaft und Fähigkeit zur Veränderung und zur Arbeit, Grenzen aber auch der gesellschaftlichen Umwelt, die sich mit einem bestimmten Systemzustand auch eingerichtet hat. Es evoziert Ernüchterung und Enttäuschung, Ideologisierungs- und Verdrängungsmechanismen, aber auch Befreiung und Entlastung. So wurde in unserem Beispiel die sech-

ste These in der Pfarrgemeinde energisch bestritten: Natürlich wolle man Nachwuchs und rechne ernsthaft mit ihm, vor Veränderungen habe man keine Angst. Erst die konkreten Zahlen machten die ganze Tragweite des emphatischen Selbstverständnisses bewußt: So wenige sind wir...

- Etliche „aktive" Christen – und nicht nur Firmanden – distanzieren sich von ihrer Pfarrgemeinde aus ebenfalls sekundären statt aus Glaubensgründen. Professionelles Handeln kann hier neu ansprechen und Mitarbeiter motivieren, die sich (wieder) engagieren, wegen des Neuen und Ungewohnten. Professionelles Handeln schlägt sich in Zahlen nieder, es ist meßbar. Zuerst zeigt es sich aber in Arbeitsweise und Umgangsform, in Stil und Struktur.

Werner Hahne

Vom „besonderen Priestertum" zur Diakonie der Leitung
Ein Beitrag zur Klärung der theologischen Grundlagen des Leitungsdienstes in der Kirche

In meinem Beitrag zum Buch „Leiten als Beruf. Impulse für Führungskräfte in kirchlichen Aufgabenfeldern" habe ich unter dem Titel „Vom Handwerk und von der Kunst, einen Gottesdienst zu leiten"[1] als Gratulationsgabe zum 60. Geburtstag von Josef Müller einige Prolegomena zur ars praesidendi aus praktischtheologischer und pastoralliturgischer Sicht vorgelegt. Die Einladung der beiden Herausgeber, auch an dieser Festgabe für den Freiburger Pastoraltheologen mitzuwirken, gibt mir die Möglichkeit, mich zu den theologischen Grundlagen des Leitungsdienstes in der Kirche zu äußern, d.h. einige Prolegomena zur ars praesidendi aus liturgietheologischer und systematischer Sicht anzufügen. Den Anstoß dazu hat mir Manfred Probst, Ordinarius für Liturgiewissenschaft an der Theologischen Hochschule Vallendar, gegeben. Während Probst in seiner Besprechung des genannten Buches meinen Beitrag „allen angehenden Diakonen und Priestern, aber auch den betreffenden Laien als Pflichtlektüre"[2] verordnet sehen möchte, moniert er in seinem Bericht „Über Versuche, das gemeinsame und das besondere Priestertum in ihren Aufgaben zuzuordnen und abzugrenzen": „Im Zusammenhang unserer Frage: Wie weit reicht das gemeinsame Priestertum? zeigt Hahne wenig Interesse an der Klärung der theologischen Grundlagen für den Leitungsdienst von Laien. Er zeigt sich begeistert von den neuen Möglichkeiten der Praxis und möchte zur Professionalisierung des

[1] Vgl. Hahne, W.: Vom Handwerk und von der Kunst, einen Gottesdienst zu leiten. In: Gärtner, H.W. (Hg.): Leiten als Beruf. Impulse für Führungskräfte in kirchlichen Aufgabenfeldern. 2.Aufl. Mainz 1994, 64–98.
[2] In: Lebendiges Zeugnis 1993, 79–80.

Leitungsdienstes beitragen. Probleme für das Miteinander von Amtsträgern und Laien sowie für das Selbstverständnis der Ordinierten spricht er nicht an."[3]

1. Der Leitungsdienst in der Kirche steht zur Debatte.

Die dramatische Situation, die sich durch den sogenannten Priestermangel für eine beängstigend große Zahl von Pfarreien und kirchlichen Gemeinschaften ergeben hat, macht die „Klärung der theologischen Grundlagen für den Leitungsdienst" immer dringlicher. Ich bin jedoch der Überzeugung, daß es Klärungsbedarf nicht nur für den „Leitungsdienst von Laien", sondern auch für den Leitungsdienst von Bischöfen, von Priestern und von Diakonen gibt. Der Leitungsdienst in der Kirche steht zur Debatte, was nicht heißt, daß er als solcher in Frage gestellt ist. Das kann er gar nicht, weil er konstitutiv zum Kirchesein dazugehört. Was aber Leitungsdienst in der Kirche ist und wie er auszuüben ist, darüber muß offenbar am Ende des 20. Jahrhunderts neu nachgedacht, gesprochen und gestritten werden. Zu dieser Debatte möchte ich drei – auf den ersten Blick vielleicht provokativ wirkende – Thesen aus liturgietheologischer Sicht beitragen:

1. Es macht keinen Sinn, stiftet aber allerhand Verwirrung, vom „Leitungsdienst von Laien" zu reden.

2. Versuche, das gemeinsame und das besondere Priestertum in ihren Aufgaben zuzuordnen und abzugrenzen, müssen scheitern, solange die Begriffe nicht entwirrt worden sind.

3. Die Lösung der Probleme für das Miteinander von Amtsträgern und Laien sowie für das Selbstverständnis der Ordinierten liegt im bewußt vollzogenen Übergang (Paradigmenwechsel) vom monarchisch-hierarchischen zum kollegial-diakonischen Leitungsverständnis.

Die Vorstellung und Diskussion dieser Thesen wird zeigen, daß die von mir 1992 vorgelegten Prolegomena zu einer ars praesi-

[3] Probst, M.: Wie weit trägt das gemeinsame Priestertum? Über Versuche, das gemeinsame und das besondere Priestertum in ihren Aufgaben zuzuordnen und abzugrenzen. In: LJ 45 (1995) 3–17.10.

dendi durchaus auf einer liturgietheologisch fundierten Sicht des Leitungsdienstes in der Kirche basieren. Eine Entfaltung dieser Sicht war im Rahmen der Zielsetzung des Impuls-Bändchens „Leiten als Beruf“ nicht möglich. Die dort vorgetragenen pastoralliturgischen Implikationen müssen hier nicht wiederholt werden. Sie werden sich als plausible Folgerungen der vorgetragenen liturgietheologischen Sicht vom Leitungsdienst in der Kirche erweisen. Die Dringlichkeit, in diesem Fragenbereich baldmöglichst zu tragfähigen Lösungen zu kommen, dürfte außer Diskussion stehen. Das Terrain ist allerdings gefährlich und schwer begehbar. Die verwendeten Begriffe scheinen klar den Weg zu weisen. Nicht selten aber führen sie uns nur an der Nase und im Kreis herum.

2. Ungeklärte Begriffe verhindern die Lösungsfindung.

Ein entscheidendes Hindernis bei der Suche nach einer theologisch verantworteten und dem Leben der Gemeinden zuträglichen Lösung der Fragen um den Leitungsdienst in der Kirche ist die heimtückische Verwirrung, der wir leicht zum Opfer fallen, sobald wir die Begriffe „Laien“, „Priester(tum)“, „Hierarchie“ und „Diakonie“ im heute üblichen Verständnis und Sprachgebrauch verwenden. Diese Verwirrung muß gelöst und beseitigt werden, wenn wir so miteinander kommunizieren wollen, daß wir Lösungen finden können, die dem Aufbau der Gemeinde, der communio der Kirche und dem Heil und Leben der Menschen dienen. Begriffsverwirrung ist jedoch keineswegs ein spezifisch kirchliches oder theologisches Problem. Viele Begriffe, mit denen wir täglich argumentieren, sind nur scheinbar klar und verläßlich. „*Begriffe* haben ihre Geschichte, oft eine tragische, eine Leidens-Geschichte, gelegentlich mit tragikomischem Beigeschmack. Sie müssen interpretiert werden, wenn sie verstanden werden sollen. Sie werden, bewußt oder unbewußt, mißverstanden oder mißdeutet. Es gibt auch produktive Mißverständnisse, die den Begriffen unversehens mehr Gewicht, mehr Weite, einen ganz anderen, völlig neuen Sinn geben und damit eine neue Epoche ihrer Geschichte eröffnen. Begriffe werden schamlos mißbraucht, vergewaltigt, in den Schmutz der Gosse getreten, so daß von ihrer ursprünglichen

Würde, ihrem ursprünglichen Gehalt nichts mehr zu erkennen ist. Gerade die großen und hohen Begriffe – Vaterland, Heimat, Ehre, Freiheit, Gemeinschaft, Glaube, Gott – sind diesem Schicksal oft ausgeliefert. Sie bedürfen dann zumindest einer Zeit der Ruhe, des Verschweigens, um sich, wenn möglich, zu erholen und wieder auf Verständnis rechnen zu dürfen."[4] Weil sich die Kirche ein solches Moratorium für die „großen und hohen Begriffe": Laien, Priester(tum), Hierarchie und Diakonie z.Z. nicht leisten kann, versuche ich zur Klärung dieser Begriffe beizutragen, damit sie uns, die wir auf sie angewiesen sind, wieder zur fruchtbaren Verständigung dienen. Dabei kann es nicht um die Rekonstruktion ihrer ursprünglichen Bedeutung gehen. Es geht vielmehr darum, eine Sprachregelung zu treffen, die Verständigung ermöglicht, Entstellungen überwindet und uns Christen hilft, den Intentionen Jesu Christi nahe zu kommen und das kirchliche Leben heute nach seinem Willen zu gestalten.

3. Ausgangspunkt aller Überlegungen zum Leitungsdienst muß wieder die fundamentale Einheit aller Glieder der Kirche werden.

Der Begriff „Laien", den ich als ersten genannt habe, ist so ein Straßenschild, das uns geradewegs in die falsche Richtung führt. Es gibt deshalb Theologen, die dafür plädieren, auf den Begriff „Laie" gänzlich zu verzichten, weil man nicht umhin kommt, „alle Versuche, den Laien einen positiv spezifizierenden, sie dogmatisch unterscheidenden oder gar abgrenzenden theologischen Sinngehalt gegenüber den Amtsträgern zu geben, als müßig und eher rückwärtsgewandt anzusehen."[5] „Wenn

[4] Dreß, W.: Hierarchie. Zur Bildung und ursprünglichen Bedeutung des Begriffs. Beobachtungen und Erwägungen. In: Theologia Viatorum XIII (1975/1976) 47–68.68. Vgl. Marti, K.: Die Passion des Wortes GOTT. In: Ders.: abendlang. Gedichte. Darmstadt/Neuwied 1980, 11. E. Mattmann hat zu diesem Text eine eindrückliche Komposition für Sprechchor geschaffen, die vom Schweizerischen Katholischen Kirchenmusikverband (SKMV) in Auftrag gegeben und bei der V. Konferenz für Liturgiegestalter am 28. 10. 1995 in Luzern als Antwortgesang beim Wortgottesdienst eingesetzt wurde.

[5] Kehl, M.: Die Kirche. Eine katholische Ekklesiologie. 2.Aufl. Würzburg 1993,

im kirchlichen Sprachgebrauch noch nicht ohne den Begriff ‚Laie' auszukommen ist", vermutet M. Kaiser, „kann dies ein Zeichen dafür sein, daß die Lehre von der fundamentalen Gleichheit aller Glieder der Kirche (LG 32) vom Bewußtsein des christlichen Volkes (= Kleriker und Laien) noch nicht rezipiert ist."[6] Daß diese Lehre nicht rezipiert ist, kann nicht verwundern, weil in 30 Jahren eine Mentalität nicht verändert werden kann, deren Anfänge sich bereits in den Pastoralbriefen nachweisen lassen und die seit dem zweiten Jahrhundert zur Herausbildung des monarchischen Episkopates und schließlich der hierarchischen Rangordnung innerhalb der Kirche geführt hat.

In dieser Tradition verweist der Begriff „Laie" auf die *„Spannung zwischen Laien und Klerus als Dualität innerhalb der Kirche.* Die ursprüngliche Spannung der Kirche zur Welt verringerte sich seit dem vierten Jahrhundert, als die Kirche die völlige Freiheit erhielt und sogar zur Staatsreligion (381) wurde und in der Folge davon dem Klerus im römischen Reich und später in den christianisierten Königreichen eine privilegierte Sonderstellung zufiel. Der frühere Gegensatz zur Welt verlagerte sich in den innerkirchlichen Raum"[7]. Als dann in den Wirren der Völkerwanderung „die Kirche mit ihrer Ämterstruktur als einzige Institution den Ansturm überdauerte und die Mitglieder der Hierarchie die Monopolstellung bezüglich Bildung, Kunst und Wissen einnahmen ... gewann das Wort ‚Laie' seine negative und abgrenzende Bedeutung: Der Laie ist zusehends der Nicht-Fachmann, der Ungebildete, der Unein-Geweihte, der auch die Bildungssprache Latein nicht mehr versteht und deshalb seit dem achten Jahrhundert der Liturgie nicht mehr folgen kann und damit in die Rolle des schweigenden Zuhörers gedrängt wird."[8]

Die Sprache spiegelt also nur die beklagenswerte Geschichte

123. Kehl zitiert dabei ausführlich und zustimmend u.a.: Kaiser, M.: Die Laien, in: Listl, J. u. Müller, K. u. Schmitz, H. (Hg.), Handbuch des katholischen Kirchenrechts, Regensburg 1983, 184–186.

[6] Ebd. 186.

[7] Karrer, K.: Art. Laie/Klerus. In: NHthG, Bd. 2, München 1985, 363–374.364.

[8] Ebd. 365; vgl. Zulehner, P.M. u. J. Fischer u. M. Huber: „Sie werden mein Volk sein". Grundkurs gemeindlichen Glaubens, Düsseldorf 1985, 16.

des laos tou theou, des Volkes Gottes, wider und bewahrt die Erinnerung an die von den Geschichtsschreibern und Theologen weithin übersehenen und vergessenen Christen und Christinnen, die in dieser Geschichte wieder und gegen den Geist Jesu Christi zur plebs degradiert wurden, deren Geisterfülltheit, heute Spiritualität genannt, als „Volksfrömmigkeit" bestaunt oder belächelt, jedenfalls nicht so ernstgenommen wurde, daß sie die Liturgie der Kirche hätte mitprägen dürfen. Wie aber konnte es dazu kommen?

4. Die Herausbildung des monarchischen Episkopates ist das Ergebnis eines Inkulturationsprozesses.

Wie Jürgen Werbick zeigt, verschieben sich bereits in den Pastoralbriefen die in der apostolischen und jesuanischen Tradition gelegten Gewichte, und zwar durch die „Rezeption der hellenistischen Oikos-Ideologie", die das Bild vom „Tempel des Heiligen Geistes" überlagert[9] und in den Briefen des Ignatius von Antiochien zur Herausbildung des monarchischen Episkopates führt, mit dem das kirchengeschichtslange Schisma zwischen Klerus und Laien grundgelegt ist.[10] „Hinter der Metapher ‚Tempel des Heiligen Geistes' stand offenkundig die Erfahrung, durch Bekehrung und *Geisttaufe* in eine Gemeinschaft eingeführt zu werden, in der Gottes Geist Wohnung genommen und die von ihm Erfüllten zur eschatologischen Heilsgemeinde zusammengefügt hatte. Die Geisttaufe begründete eine fundamentale Gleichheit der Gemeindemitglieder, so daß es in der Gemeinde der ‚letzten Tage' – wie von Joel verheißen – keinen Unterschied mehr gab zwischen Geistbegabten und ‚Geistlosen', zwischen Lehrern und Belehrten (vgl. die Pfingstperikope Apg 2,17f.). Der Übergang zur Hausbau-Metaphorik

[9] Vgl. Werbick, J.: Kirche. Ein ekklesiologischer Entwurf für Studium und Praxis. Freiburg–Basel–Wien 1994, 183-222.

[10] Vgl. Blank, J.: Art. Priester/Bischof. In: NHthG, Bd. 3, München 1985, 411–428.420–421. Zulehner u.a. sprechen vom „pastoralen Grundschisma"; vgl. Zulehner, P.M. u.a., „Sie werden mein Volk sein", 30–31; Zulehner, P.M.: Pastoraltheologie. Bd. 2: Gemeindepastoral. Orte christlicher Praxis, Düsseldorf 1989, 130–134.

markiert die Stärkung der traditionssichernden Instanzen in der Gemeinde; er markiert zugleich die Anpassung der Gemeindetheologie und Gemeindewirklichkeit an das soziale Leitbild des griechisch-römischen oikos, des Hauses im Sinne des Hauswesens bzw. des Großhaushalts mit seinem verzweigten Familien- und Bedienstetensystem."[11]
Wir haben es hierbei also mit einem sehr frühen Inkulturationsprogramm zu tun. Zum Sozialmodell des griechischen oikos und des römischen patrimonium gehören nicht nur die Sklaven und die Freigelassenen, sondern gehört auch die Vorstellung vom pater familias als dem unumschränkten Herren und Herrscher innerhalb dieses Hauswesens, eingeschlossen das Recht über Leben und Tod.[12] Wo dieses Modell auf die christliche Gemeinde übertragen und für diese zum Leitbild wird, muß der Gemeindeleiter, Episkop und später Bischof genannt, zwangsläufig als über der Gemeinde stehend und die Geschikke der Gemeinde herrschaftlich bestimmend gesehen und erlebt werden. „Die griechisch-römische Ordnungsgröße ‚oikos', die nun auch als Ordnungsschema der Gemeinde geltend gemacht wird, ist geradezu eine Kontrastgröße zum charismatisch freien, egalitär-‚kollegialen' Zusammenschluß in Hausgemeinden; sie beruht auf dem naturwüchsigen, ‚naturrechtlichen' Zusammengehören der Hausgenossen in einem streng hierarchisch geordneten, vom ‚Hausvater' dominierten Verband. Für dieses Ordnungsschema ist und bleibt noch bis zur europäischen Aufklärung kennzeichnend, ‚daß die für das Haus konstitutiven Relationen solche zwischen Ungleichen sind'."[13]
Mit dieser Neuorientierung verbunden ist der Ausschluß der Frauen aus gemeindlichen Funktionen.
Mit der Ausbreitung des Christentums im Römischen Reich konsolidiert sich dieses Gemeindemodell nicht nur, sondern es ergibt sich mit dem Eintritt in den Wirkungsbereich des römischen Rechtes nochmals eine Verschärfung der Vorstellung vom

[11] Werbick, Kirche 194.
[12] Vgl. Veyne, P.: Das Römische Reich. In: Ariès, P. u. Duby, G. (Hg.): Geschichte des privaten Lebens. 1. Band: Vom Römischen Imperium zum Byzantinischen Reich. Frankfurt am Main 1995, 19–227; vor allem 38–41 und 142–159.
[13] Werbick, Kirche 195.

unumschränkten Leiter der Hausgemeinschaft: „Es war eine Eigentümlichkeit des römischen Rechts, welche die Griechen erstaunte, daß ein Sohn, ob mannbar oder nicht, ob verheiratet oder nicht, der Autorität des Vaters unterworfen war und erst bei dessen Tod ein vollwertiger Römer und selber „pater familias" wurde. Mehr noch, der Vater war sein natürlicher Richter und konnte ihn im Hausgerichtsverfahren zum Tode verurteilen."[14]
Seit der Aufklärung hat im westlichen Europa dieses Haus- und Herrschaftsmodell in Staat und Gesellschaft fortschreitend seine bestimmende Bedeutung eingebüßt. Das hellenistische Hauswesen und das römische patrimonium sind längst keine gesellschaftsprägenden Modelle mehr. Der pater familias war schon für die neuzeitlich-bürgerliche Familie kein ernstzunehmendes Leitbild mehr. Für die Kleinfamilie der Industrie- und Informationsgesellschaft kann er es schon gar nicht sein. Nichts hindert uns, die Kirche, uns von diesem nachapostolischen Inkulturationsmodell zu lösen, die monarchisch-hierarchische Interpretation des Episkopates – einschließlich des päpstlichen Primates – zu überwinden, uns von Neuem an den biblischen Bildern zu orientieren und eine zeitgemäße Inkulturation des kirchlichen Selbstbildes sowie der Metaphern und Begriffe für das Leitungspersonal in der Kirche zu finden. Nur so wird es möglich sein, eine evangeliumsgemäße Sozialform zu entwickeln, ein heutigem Rechtsempfinden entsprechendes Kirchenrecht zu schaffen und eine zeitgemäße Wort- und Bildsprache für die Verkündigung des Evangeliums und für die Feier der Liturgie zu formen.[15]

5. Als Glieder des Volkes Gottes sind und bleiben alle Laien.

Damit können wir zur Klärung des Begriffs „Laien" zurückkehren. Die Tatsache, daß in der Kirchenkonstitution des Zwei-

[14] Veyne, Das Römische Reich 38; vgl. 79–99 und 45–77.
[15] Vgl. Hahne, W.: Heutiger Glaubenshorizont und traditionelle (Sprache der) Liturgie. In: Diakonia 25 (1994) 150–158.

ten Vatikanischen Konzils „Lumen Gentium“ zuerst vom „Mysterium der Kirche“ (erstes Kapitel) und vom „Volk Gottes“ (zweites Kapitel) die Rede ist, bevor im dritten Kapitel „Die hierarchische Verfassung der Kirche, insbesondere das Bischofsamt“ behandelt wird, zeigt, daß auch in der Kirche die Ablösung vom griechisch-römischen oikos-Modell bereits im Gange ist. Deshalb besteht Hoffnung, daß die Gewichte in absehbarer Zeit wieder richtig, d.h. im Sinne Jesu und der apostolischen Tradition verschoben werden. Daß dabei die Einheit und Gleichheit aller Frauen und Männer, die durch Taufe, Firmung und Mitfeier der Eucharistie in die Kirche eingegliedert sind, als Ausgangspunkt und unerschütterliches Fundament dienen muß, steht seit der genannten Dogmatischen Konstitution über die Kirche theologisch wieder außer Frage: „Eines ist also das auserwählte Volk Gottes: ‚Ein Herr, ein Glaube, eine Taufe‘ (Eph 4,5); gemeinsam die Würde der Glieder aus ihrer Wiedergeburt in Christus, gemeinsam die Gnade der Kindschaft, gemeinsam die Berufung zur Vollkommenheit, eines ist das Heil, eine die Hoffnung und ungeteilt die Liebe. Es ist also in Christus und in der Kirche keine Ungleichheit aufgrund von Rasse und Volkszugehörigkeit, sozialer Stellung oder Geschlecht; denn ‚es gilt nicht mehr Jude und Grieche, nicht Sklave und Freier, nicht Mann und Frau; denn alle seid ihr einer in Christus Jesus‘ (Gal 3,28 griech.; vgl. Kol 3,11). Wenn also in der Kirche nicht alle denselben Weg gehen, so sind doch alle zur Heiligkeit berufen und haben den gleichen Glauben erlangt in Gottes Gerechtigkeit (vgl. 2 Petr 1,1).“ (LG 32).

Von dieser Wiederbesinnung auf die apostolische Tradition ausgehend, scheint mir der Begriff „Laie“ durchaus kein „entbehrlicher Begriff“ (Medard Kehl) zu sein. An diesem Begriff kann vielmehr die lange Geschichte des Urschismas in der Kirche zurückbuchstabiert und so erinnert und aufgearbeitet werden. Dies wird jedoch nur gelingen, wenn der theologischen Erkenntnis von der fundamentalen Gleichheit aller in der Kirche auch institutionelle und organisatorische Umkehr- und Erneuerungsmaßnahmen folgen werden und die im kirchlichen Leitungsdienst Stehenden eine Umkehr, eine Metanoia im Sinne von Mk 1,15, zur evangeliumsgemäßen Sicht ihrer Ämter vollziehen. Erst dann wird sich der negative Aspekt, der dem

Begriff „Laie“ anlastet, verflüchtigen, und der herablassende, besserwisserische Ton, der beim Gebrauch dieses Wortes in unseren Ohren tönt, wird verklingen. Der Begriff „Laie“ kann so mit positiver Bedeutung aufgeladen, zur Ehrenbezeichnung für alle Christen und Christinnen werden, d.h. zum Synonym für die Begriffe „Gläubiger“ und „Christ“. Während diese beiden Selbstbezeichnungen heute leicht individualistisch mißverstanden werden können, läßt das Wort „Laie“ – zumindest für das geschulte und aufmerksam gewordene Ohr – mitklingen, daß der Glaube an den Gott und Vater Jesu Christi in die Volksgemeinschaft Gottes hineinführt und Christsein nur in der Kirche Jesu Christi realisiert werden kann. Alle, die zum Glauben kommen und sich taufen lassen, werden durch die Taufe, zu der bei der Eingliederung von Erwachsenen und von Kindern im Schulalter immer auch die Firmung und die volle Teilnahme an der Eucharistiefeier im gemeinsamen Essen und Trinken gehören, Vollmitglieder der Kirche und damit des Volkes Gottes.[16] Als Glieder des Volkes (laos) Gottes sind sie Laien (laikoi). Der Begriff kann nicht länger zur Abgrenzung und Unterscheidung von Klerus und Laien, von Leitungsdiensten und Volk Gottes verwendet werden. Entweder entscheiden wir uns für die Verbannung dieses Begriffs aus dem kirchlichen Sprachgebrauch, dann gibt es überhaupt keine Laien mehr, oder wir beschließen die Beibehaltung dieses Begriffs, dann sind alle Laien, auch die Leitungsbediensteten in der Kirche.[17]

[16] Vgl. Die Feier der Eingliederung Erwachsener in die Kirche nach dem neuen Rituale Romanum. Studienausgabe. Hrsg. von den Liturgischen Instituten Salzburg, Trier, Zürich. Einsiedeln–Köln–Freiburg–Wien 1975, 133–147 und 214–223.

[17] Deshalb möchte ich den Begriff auch nicht wie Zulehner u.a. in Anführungszeichen setzen. Ebenso unbrauchbar scheint mir ihre Unterscheidung: „Alltagschristen“ und „Amtschristen“; denn die „Amtschristen“ leben ihr Christsein selbstverständlich oder zumindest hoffentlich ebenfalls im Alltag. Wenn aber die „Alltagschristen“, wie Zulehner u.a. mit Recht betonen, am „Grundamt“ der Kirche, sacramentum pro mundi vita zu sein, teilhaben, dann sind sie ebenfalls „Amtschristen“. Daraus folgt, daß auch die Unterscheidung: „Alltagschristen handeln ‚kirchlich‘ “ und „Amtschristen handeln ‚als Kirche‘ “ nicht weiterhilft. Vgl. Zulehner, P.M. u.a.: „Sie werden mein Volk sein“, 58–63. Zum Begriff „Grundamt der Gemeinde“ vgl. auch: Zulehner, P.M.: Pastoraltheologie. Bd. 2: Gemeindepastoral, 70–141.

6. Alle diese Laien können in der Kirche Ämter übernehmen.

Alle diese Laien, diese „Gottes-Volks-Genossen und-Genossinnen“, können in der Kirche vielfältige Dienste bzw. Ämter übernehmen. Wird ihnen ein Leitungsamt übertragen, so bleiben sie dem Volk Gottes zugehörig und in diesem Sinne immer auch Laien. Innerhalb der Gottes-Volksgenossenschaft aber übernehmen sie einen Dienst, in dem sie nicht nur – wie bei den anderen Laiendiensten – in der Gemeinde stehen und handeln, sondern auch der Gemeinde gegenübertreten, damit die Gläubigen erkennen und sich bewußt bleiben: Das Heil kommt nicht von uns, sondern von Gott, und zwar durch den im Heiligen Geist unter uns gegenwärtigen Jesus Christus. Leitungsdienst in der Kirche ist nichts anderes als durch Berufung Gottes und Beauftragung der Kirche übertragene Repräsentation Christi in der Gemeinde und für die Gemeinde. Während die Gesamtheit der Gläubigen als Volk Gottes und Kirche Jesu Christi Zeichen der Heilsgegenwart Gottes in der Welt und damit Sakrament für das Leben der Welt ist, sind die Leitungsbediensteten in der Kirche darüber hinaus auch noch sakramentales Zeichen für den in der Gemeinde anwesenden Christus. In dieser Zeichenhaftigkeit und in dieser Verweisqualität liegt das Besondere und Unterscheidende ihres Dienstes. Wegen dieses zusätzlichen und qualitativ anderen Repräsentationsauftrages werden sie nicht mehr als Laien bezeichnet, sondern Bischof, Priester und Diakon genannt.
Das Unterscheidende ist also nicht das Amt in der Kirche, sondern das Leitungsamt bzw. der Dienst der Leitung. Der Unterschied, den LG 10 konstatiert und als „dem Wesen (essentia) und nicht bloß dem Grade nach (non gradu tantum)“ qualifiziert, ist der Unterschied zwischen dem Amt und dem Leitungsamt.[18] Es ist jedoch kein absoluter, sondern ein relativer, oder

[18] Dieser Unterschied kann sprachlich nicht durch die Unterscheidung „Dienste“ und „Ämter“ markiert werden. Deshalb schreibe ich bewußt: „Dienste bzw. Ämter“. Es handelt sich hierbei um Synonyme und nicht um zwei unterscheidende und etwas Verschiedenes bezeichnende Begriffe. Amt ist etymologisch synonym mit Dienst, wenn auch viele Beamte(te) in Staat und Kirche

besser: relationaler Unterschied, wie die Konzilsväter sich beeilen anzufügen: „Dennoch sind sie einander zugeordnet: Das eine wie das andere nämlich nimmt je auf besondere Weise am Priestertum Christi teil." Da es im Neuen Bund aber nur das eine Priestertum Jesu Christi gibt und er der einzige Priester des Neuen Bundesvolkes ist und bleibt, ist es sinnvoller und weniger verwirrend, von diesem einen Priestertum Jesu Christi auszugehen und zu zeigen, daß dieses eine und einzige Priestertum auf eine zweifache Weise in der Kirche repräsentiert wird, wobei beide Weisen nicht für sich allein, sondern nur in der wechselseitigen Bezogenheit Christus vergegenwärtigen. Nur in dieser bipolaren bzw. elliptischen Relation ist Repräsentation bzw. Stellvertretung in der Kirche und durch die Kirche in der Welt denkbar: „Der ‚Eine' – der Amtsträger – kann nicht ohne die ‚Vielen' – die übrigen Gemeindeglieder – sein, und die ‚Vielen' können nicht ohne den ‚Einen' sein."[19]
Die heute üblichen Titel und Bezeichnungen für die kirchlichen Leitungsämter sind aus dem antiken Umfeld der Urkirche übernommen, sie haben eine komplizierte Entwicklungsgeschichte hinter sich. Es hat andere Titel gegeben: Apostel, Propheten, Lehrer, Evangelisten, Hirten, Leiter nach dem Modell des Steuermanns, Helfer, Gabenverwalter, Vorgesetzte, Vorsteher. Wie weit deren Leitungskompetenz reichte, kann hier nicht geklärt und dargestellt werden. Sie alle haben sich als Titel zur Bezeichnung der Leitungsfunktionäre in der (römisch-katholischen) Kirche nicht durchgesetzt. Auf Jesus selber geht keine der Bezeichnungen für die Leitungsbediensteten zurück, auch nicht die heute gebräuchliche und vom Zweiten Vatikanischen Konzil bestätigte strukturelle Dreiheit: Bischof, Priester,

dies übersehen oder anders sehen mögen. Der Begriff „Amt" eignet sich also nicht als Unterscheidungsmerkmal zwischen dem „sacerdotium commune fidelium" und dem „sacerdotium ministeriale seu hierarchicum", wie auch der lateinische Begriff „ministeriale" zeigt. Das Unterscheidende kann nur durch die Zusammensetzung mit dem Begriff „Leitung" markiert werden, wobei man sowohl vom „Amt der Leitung" als auch vom „Dienst der Leitung" sprechen kann.

[19] Pottmeyer, H.J.: Der eine Geist als Prinzip der Einheit der Kirche in Vielfalt. Auswege aus einer christomonistischen Ekklesiologie. In: PthI 5 (1985) 253–284.276.

Diakon (vgl. LG 20).[20] Überliefert ist von ihm vielmehr ein ausdrückliches Verbot, solche Titel zu gebrauchen: „Ihr aber sollt euch nicht Rabbi nennen lassen; denn nur einer ist euer Meister, ihr alle aber seid Brüder. Auch sollt ihr niemand auf Erden euren Vater nennen; denn nur einer ist euer Vater, der im Himmel. Auch sollt ihr euch nicht Lehrer nennen lassen; denn nur einer ist euer Lehrer, Christus“ (Mt 23,8–10).

7. Wenn schon besondere Titel, dann für alle Leitungsdienste.

Wenn es also schon solche differenzierende Titel und Dienst-Bezeichnungen gibt oder geben muß, dann ist darauf zu achten, daß diese keine Verwirrung stiften. Das bedeutet für unsere Fragestellung: Soll von einem oder einer Gläubigen gesagt werden, daß ihnen in der Kirche eine Leitungsfunktion übertragen wurde, so erhalten sie eine Dienstbezeichnung, jedenfalls solange in der Kirche Titel wie Bischof, Priester und Diakon verwendet werden. Dieser Dienstbezeichnung den Begriff „Laie“ beizufügen macht keinen Sinn, es sei denn, er würde auch den traditonellen Amtsbezeichnungen – Bischof, Priester und Diakon – angehängt, um deutlich zu machen: Auch nach Übernahme ihres Leitungsdienstes bleiben sie alle Glieder des Volkes Gottes. Das gilt auch für Pastoralassistenten und -assistentinnen bzw. Gemeindereferentinnen und -referenten, sobald ihnen ein Leitungsdienst in der Kirche übertragen wird. Will man ihnen keinen der drei traditionellen Titel zugestehen, etwa um deutlich zu machen, daß diese Männer und Frauen im Leitungsdienst der Kirche nicht ehelos leben, oder weil man sich nicht vorstellen kann, daß Frauen im Christentum Priesterin oder Bischöfin genannt werden, so muß ein anderer Titel gefunden werden, aus dem deutlich wird, daß sie nicht nur Laien, Glieder des Volkes Gottes, sind, sondern auch eine Leitungsfunktion wahrnehmen. Da nach der katholischen Tradition jeder der drei traditionellen Leitungsdienste im Rah-

[20] Vgl. Snela, B.: Art. Priester/Bischof. In: NHthG, Bd. 3, München 1985, 428–441.429.

men einer liturgischen Feier unter dem sakramentalen Zeichen der Handauflegung und des folgenden Weihegebetes übertragen wird[21], muß auch für diese Leitungsbediensteten eine sakramentliche Feier entwickelt werden, in der unter dem sakramentalen Zeichen der Handauflegung und des Weihegebetes diese Männer und Frauen in ihr Leitungsamt eingeführt werden. Werden sie zur Leitung ganzer Gemeinden eingesetzt, so müssen ihnen in dieser Feier zugleich alle nötigen Zuständigkeitskompetenzen übertragen werden; d.h. auch die Vollmacht zum Eucharistievorsitz, zur sakramentalen Lossprechung und zur Krankensalbung.

Damit sind wir bei einer Dienstbeschreibung ihrer Leitungsfunktion angelangt, die der bisherigen des Priesters bzw. des Pfarrers entspricht. Der Kreis hat sich geschlossen. Aus der vollzogenen Denkbewegung läßt sich der Schluß ziehen: Die Pastoralassistenten und -assistinnen bzw. Gemeindereferenten und -referentinnen genannten Männer und Frauen können entweder keinen Leitungsdienst in der Kirche übernehmen oder er muß ihnen in der tradierten Weise durch Handauflegung und Gebet übertragen werden. Es gibt gute Gründe dafür, sie nicht als Priester oder Pfarrer zu bezeichnen. So verstärkt sich die Chance, daß sich mit ihnen in der Kirche wieder ein Leitungsideal durchsetzt, das nicht am monarchischen Episkopat der Bischöfe und damit an einem griechisch-römischen Inkulturationsmodell orientiert ist, sondern am Vorbild Jesu und seinen klaren Anweisungen in dieser Frage und an den Bedürfnissen und den Verstehensmöglichkeiten ihrer Mitchristen und Zeitgenossen. Daß die Kirche das Recht hat, solch ein Leitungsamt einzuführen und dazu sich einen passenden Titel auszudenken und eine sakramentliche Feier zu gestalten, steht außer Frage. Die Bischöfe sind dazu sogar verpflichtet, denn bei ihrer Weihe betet der Hauptzelebrant: „Er verteile die Ämter nach deinem Willen und löse, was gebunden ist,

[21] Vgl. Kleinheyer, B.: Ordination und Beauftragungen. In: Ders. u. Severus, E. v. u. Kaczynski, R.: Sakramentliche Feiern II, GdK, Teil 8, 7–65.47: „Seit der päpstlichen Lehräußerung Pius XII. (DS 3857–3861) gilt: Handauflegung und Weihegebet sind bei der Bischofsweihe, Priesterweihe und Diakonenweihe das Zeichen des Sakramentes."

in der Vollmacht, die du den Aposteln gegeben hast." Nicht nur die Apostel, sondern in ihrer Nachfolge auch die Kirche des ersten Jahrtausends haben der Kirche die Ämter gegeben, die sie brauchte: „Flexibilität kennzeichnet die erste große Phase, die auch in der stadtrömischen Kirche spätestens um die Mitte des zehnten Jahrhunderts zu Ende geht. Wo sich neue Aufgaben zeigen, werden dafür neue Ämter geschaffen; sind bestimmte Aufgaben erledigt, werden die entsprechenden Ämter hinfällig."[22]

Wie auch immer die Entwicklung weitergehen wird, die bisherigen Überlegungen bestätigen die *1. These: Es macht keinen Sinn, stiftet aber allerhand Verwirrung, vom „Leitungsdienst von Laien" zu reden.*

8. Das Verwirrspiel mit dem doppelsinnigen Begriff „Priestertum" ist zu beenden.

Einen weiteren Grund, die bisherige Priestertradition von der genannten Berufsgruppe nicht einfach weiterführen zu lassen, sehe ich in dem problematischen Begriff „besonderes Priestertum" und dem Versuch, von diesem, dem traditionellen Priesterbild her eine Zuordnung zum „gemeinsamen Priestertum aller Gläubigen" zu definieren. Wo die Schwierigkeiten liegen, möchte ich mit Hilfe der zweiten These verdeutlichen:

2. These: Versuche, das gemeinsame und das besondere Priestertum in ihren Aufgaben zuzuordnen und abzugrenzen, müssen scheitern, solange die Begriffe nicht entwirrt worden sind.

Diese zweite These wird auf den ersten Blick abwegig erscheinen, zumal das Zweite Vatikanische Konzil in LG 10 einen solchen Versuch vorgelegt hat: „Das gemeinsame Priestertum der Gläubigen aber und das Priestertum des Dienstes, das heißt das hierarchische Priestertum, unterscheidet sich zwar dem Wesen und nicht bloß dem Grade nach. Dennoch sind sie einander zugeordnet: Das eine wie das andere nämlich nimmt je auf besondere Weise am Priestertum Christi teil." Meine zweite These beruht auf der Einsicht, daß in den beiden Begriffs-

[22] Ebd. 13.

bildungen „das gemeinsame Priestertum der Gläubigen" und „das Priestertum des Dienstes" das Wort „Priestertum" nicht dasselbe meint, sondern etwas fundamental Verschiedenes. Auf solche Weise Begriffe zu definieren, ist logisch unzulässig. Es verhindert einen sinnvollen Gedankenaustausch und eine communio schaffende Kommunikation. Vor allem aber verunmöglicht diese Begriffsverwirrung, Lösungen zu finden, die der notwendenden Hilfe für die Ortsgemeinden und deren Seelsorger und Seelsorgerinnen dienen.
Beim Bemühen um die Klärung des Begriffs „Laie" wurde deutlich, daß die fundamentale Einheit und Gleichheit aller Gläubigen wieder zum Ausgangspunkt aller Überlegungen über den Leitungsdienst in der Kirche werden muß (vgl. 3.). Im Kontext der Begriffe „gemeinsames Priestertum" und „besonderes Priestertum" muß man das gleiche Anliegen so formulieren: Grundlage und Ziel aller Rede vom Priestertum im neuen Bundesvolk ist „das gemeinsame Priestertum der Gläubigen", d.h. aller zum Volk Gottes gehörenden Frauen und Männer, Mädchen und Jungen, d.h. der Laien. Dieses gemeinsame Priestertum aller Gläubigen ist nicht nur lebensgeschichtlich und kirchengeschichtlich, sondern auch wesentlich und in diesem Sinne systematisch-theologisch das Fundament, auf dem „das Priestertum des Dienstes" bzw. „das besondere oder hierarchische Priestertum" aufruht und an dem die Teilhaber an diesem hierarchischen Priestertum lebenslang partizipieren. Anders ausgedrückt: niemand kann an diesem „Priestertum des Dienstes" Anteil erhalten, der nicht zuvor getauft und gefirmt wurde und die Eucharistie mitgefeiert hat. Deshalb ist die Frage: „Wie weit trägt das gemeinsame Priestertum?" für den Versuch, „das gemeinsame und das besondere Priestertum in ihren Aufgaben zuzuordnen und abzugrenzen" untauglich. Sie wird von dem traditionellen Priesterbild produziert, das wir vor dem letzten Konzil Geborenen internalisiert haben, wobei die Formulierung „das besondere Priestertum" die Assoziation „das bessere, das wichtigere, das eigentliche Priestertum" freisetzt. In LG 10 steht nicht zufällig „Priestertum des Dienstes", weil dem aber folgt: „das heißt das hierarchische Priestertum" (Sacerdotium autem commune fidelium et sacerdotium ministeriale seu hierarchicum), stellt sich auch hier die genannte As-

soziationsreihe und Bilderwelt ein; denn der Begriff „Hierarchie“ weckt nicht weniger falsche Vorstellungen als der Begriff „Priestertum (vgl. dritte These).[23]

9. Das „gemeinsame Priestertum aller Gläubigen“ trägt, soweit die Kirche trägt.

Dies bedenkend, läßt sich die Frage: „Wie weit trägt das gemeinsame Priestertum?“ leicht und klar beantworten. Es trägt, soweit die Kirche trägt, und zwar sowohl auf der Zeitkoordinate ihrer Geschichte wie auf der Raumkoordinate ihrer Verortung bzw. Verbreitung. Es trägt von der apostolischen Grundlegung bis zur Wiederkunft Christi und zur endgültigen Offenbarung des Reiches Gottes. Als das priesterliche Gottesvolk ist die Kirche das Grundsakrament, das vor der Welt das Ur-Sakrament, Jesus Christus, repräsentiert, d.h. vergegenwärtigt. Deshalb bekennen wir im Großen(nizäno-konstantinopolitanischen) Glaubensbekenntnis: „Wir glauben an den Heiligen Geist ... und die eine, heilige, katholische und apostolische Kirche“ und im Apostolischen Glaubensbekenntnis: „Ich glaube an den Heiligen Geist, die heilige katholische Kirche, Gemeinschaft der Heiligen, Vergebung der Sünden, Auferstehung der Toten und das ewige Leben. Amen.“[24] In diesem Sinne ist jede Liturgiefeier „Vollzug des Priesteramtes Jesu Christi“ (SC 7) und die sakramentlichen Feiern sind gottesdienstliche Versammlungen des priesterlich-königlichen Gottesvolkes. Dabei ist die Versammlung der Gläubigen, d.h. der Laien, Subjekt und Trägerin der Feier, wie der neue Katechismus der Katholischen Kirche mit dankenswerter Deutlichkeit lehrt: „So ist bei der Feier der Sakramente die ganze Versammlung ‚Li-

[23] Vgl. Kommentar zu LG 10–12: Philips, G. : Dogmatische Konstitution über die Kirche. In: ²LthK. Das Zweite Vatikanische Konzil. Freiburg–Basel–Wien 1966, 139–359.182–189.

[24] Vgl. den eindrücklichen Kommentar zum „Dritten Glaubensartikel: Der Geist“. In: Schneider, T.: Was wir glauben. Eine Auslegung des Apostolischen Glaubensbekenntnisses. 4.Aufl. Düsseldorf 1991, 321–500 und Pottmeyer, H.J.: Der eine Geist als Prinzip der Einheit der Kirche in Vielfalt, vor allem 254–255.

turge' [Feiernde], jeder seiner Aufgabe entsprechend, aber in der ‚Einheit des Geistes', der in allen handelt.“ (KKK 1144; vgl. 1140 und 1141 und schon SC 26–27). Dies alles wäre vielleicht selbstverständliches Wissen aller Gläubigen und auch der „Gebildeten unter ihren Verächtern“ (F. Schleiermacher), hätten wir Christen besser auf unsere Sprache geachtet und wie das Neue Testament zwei unterschiedliche Begriffe tradiert, um die zwei „dem Wesen und nicht bloß dem Grade nach“ (LG 10) zu unterscheidenden „Priestertümer“ bzw. „Priester“-Begriffe schon auf das erste Hören und den ersten Blick hin auseinanderhalten zu können.

10. Die Orientierung am „Priesteramt Christi“ tut not und hilft zur Klärung der Begriffe.

In der Formulierung von SC 7 „Vollzug des Priesteramtes Christi“ (Iesu Christi sacerdotalis muneris exercitatio) ist, wie der Ausdruck „sacerdotalis“ des lateinischen Urtextes zeigt, der verwendete Priester-Begriff vom lat. „sacerdos“ bzw. vom griechischen Wort „hiereus“ abgeleitet. Im Neuen Testament wird dieser Begriff mit großer Zurückhaltung verwendet und nur auf Jesus Christus und auf die Kirche als Ganze angewendet. „Die Ausdrücke ‚Priester, Hoherpriester, Priesterschaft' werden im christlichen Sprachgebrauch des Neuen Testamentes nur in zweifacher Hinsicht verwendet: 1. Zur Bezeichnung des einzigartigen eschatologischen Hohenpriestertums Christi, so hauptsächlich im Hebräerbrief. Mit diesem Hohenpriestertum ist sowohl das alttestamentlich-jüdische wie das heidnisch-kultische Priestertum im Prinzip aufgehoben. 2. Zur Bezeichnung des allgemeinen Priestertums aller Glaubenden (vgl. 1 Petr 2, 5–9; Apk 1,6; 5,10; 20,6). ‚Priester' ist danach Christus selbst und alle Glaubenden als das ‚priesterliche Gottesvolk'… Einen ‚Priesterbegriff' für ein hierarchisches Amtspriestertum kennt das NT noch nicht.“[25] Unsere Amtsbezeichnung „Priester“ dagegen ist von dem griechischen Wort „presbyteros“ hergeleitet,

[25] Blank, J.: Priester/Bischof 417. Vgl. Schrenk, G.: Art. hiereus. In: ThW III, 257–284.

was ursprünglich „der Älteste“ bedeutet und dem lateinischen „senior“ entspricht. Zur Zeit der Abfassung des Neuen Testaments wurde es längst nicht mehr von der Anzahl an Lebensjahren her verstanden. „Presbyter“ war vielmehr zur Amtsbezeichnung geworden, wie z.B. die Übersetzung von Num 11,16–17 in der griechischen Septuaginta zeigt und der Gebrauch in den Evangelien, z.B. bei der ersten „Ankündigung von Leiden und Auferstehung“ bei Markus, wo die „Presbyter“ bzw. „Ältesten“ neben den Hohenpriestern und Schriftgelehrten genannt werden (vgl. Mk 8,31–33).[26]
Bei der Rede vom „Priesteramt Christi“ haben wir deshalb zunächst von der religionsgeschichtlichen bzw. religionsphänomenologischen Bedeutung des Wortes auszugehen: „Unter Priester (lat. sacerdos, von sacer = heilig; giech. hieréus, von hierós = heilig) versteht man den bestellten Mittler zwischen der Gottheit und der Kultgemeinde, der, anders als die sündige Gemeinde, in den Vorbehaltsraum des heiligen Gottes eintreten darf, der darum die Gebete und Bitten der Gemeinde vor Gott tragen und das Gnadengeschenk Gottes der Gemeinde überbringen kann; insonderheit ist es seine Aufgabe, das Opfer darzubringen.“[27] In diesem Sinne ist Christus der einzige Mittler zwischen Gott und den Menschen: „Denn: Einer ist Gott, Einer auch Mittler zwischen Gott und den Menschen: der Mensch Christus Jesus, der sich als Lösegeld hingegeben hat für alle, ein Zeugnis zur vorherbestimmten Zeit…“ (1Tim 2,5–6). Um die Bedeutung des stellvertretenden Sühnetodes Jesu Christi herauszustellen, bedient sich der Hebräerbrief, und zwar als einzige der neutestamentlichen Schriften, u.a. auch der Begriffe „Priester“ und „Hoherpriester“, aber gerade nicht, um das alttestamentliche und heidnische Priesterbild auf ihn zu übertragen. Im Gegenteil: Der Hebräerbrief zeigt gerade die Andersartigkeit und Überlegenheit des Priestertums Jesu Christi: „dadurch, daß es der Sohn Gottes selbst ist und nicht etwa ein untergeordnetes Engelwesen (…), der als der menschgewordene Jesus wirklich den Tod erleidet, schafft dieser auch

[26] Vgl. Bornkamm, G. : Art. presbyteros. In: ThW VI, 651–685.
[27] Art. Priester. In: Adam, A. u. Berger, R.: Pastoralliturgisches Handlexikon, 421–424.421.

ein für allemal (vgl. das eschatologische ephapax 7,27; 9,12; 10,10) eine endgültige, ewige Versöhnung und Erlösung, welche das gesamte atl. Opfer- und Priesterwesen und damit auch das Opferwesen der Religion überhaupt ‚aufhebt', d.h. ablöst und ‚erfüllt'."[28] Dem traditionellen Kult- und Opferpriestertum stellt der Hebräerbrief den von Jesus Christus erschlossenen „neuen und lebendigen Weg" (Hebr. 10,20) gegenüber: den Weg des Glaubens (10,19-13,19), der Liebe und der guten Taten (10,24), der Ausdauer (10,32–39) und des Opfers des Lobes, nämlich die Frucht der Lippen (13,15).[29]

Der Satz der Liturgiekonstitution: „Mit Recht gilt also die Liturgie als Vollzug des Priesteramtes Christi" (SC 7) wird deshalb nur dann richtig verstanden, wenn die alttestamentlichen und heidnischen Vorstellungen vom Priestertum nicht bedenkenlos übertragen werden. Weder Christus noch das Volk Gottes noch die kirchlichen Amtsträger sind „Priester" in der vor- und nichtchristlichen Bedeutung dieses Wortes. Der Begriff „Priestertum" ist deshalb auf alle drei nur im analogen Sinn zu verwenden. Er diente dem Verfasser des Hebräerbriefes zur Inkulturation des Evangeliums und des Christus-Mysteriums im jüdischen und judenchristlichen Milieu. Theologisch richtig gefüllt wird er nur, wenn wir damit nicht die Bilder assoziieren, die wir in uns von den Hohenpriestern, den Priestern, den Leviten und dem übrigen Kultpersonal des jüdischen Tempels gespeichert haben. Noch viel weniger ist es berechtigt, die Bilder und Vorstellungen, die wir aus anderen antiken oder zeitgenössischen Religionen und Kulten kennen, auf Christus, die Kirche und die kirchlichen Amtsträger zu übertragen. Die Rede vom „Priesteramt Christi" bleibt vielmehr wie jede andere theologische Aussage an die Jesus-Gestalt und Jesus-Geschichte gebunden: an seine Botschaft von der Herrschaft Gottes, an sein heilsames Wirken unter den Menschen, an seine Lebenshingabe im grausamen Tod am Kreuz und an seine wunderbare Auferweckung von den Toten. Weil sich aber in der Geschichte

[28] Blank, J.: Priester/Bischof 422–423.

[29] Vgl. ebd. 422–427 und Schillebeeckx, E. : Christus und die Christen. Die Geschichte einer neuen Lebenspraxis. 2. Aufl. Freiburg–Basel–Wien 1980, 226–281.

der Kirche vor- und nichtchristliche Priesterbilder und -vorstellungen sowohl mit Christus als auch der Kirche und mit ihrer Hierarchie verbunden haben und bis zum heutigen Tag in unseren Köpfen wirken, können und dürfen wir auch unsere Erfahrungen mit Priestern und Bischöfen der Kirche nicht einfach auf das „Priesteramt Christi“ übertragen. Die Definition der Liturgie als „Vollzug des Priesteramtes Christi“, die uns das Zweite Vatikanische Konzil in SC 7 bietet, wird für die Gestaltung der Liturgie und für das Selbstverständnis der feiernden Gemeinde nur dort zum Ansatz einer fruchtbaren Erneuerung, wo die gängigen Konnotationen historisch-kritisch aufgebrochen werden und das notwendige Umdenken, die Metanoia, nicht verweigert wird.

11. Das „gemeinsame Priestertum aller Gläubigen“ ist das sacerdotale Priestertum des Neuen Bundes.

Dabei wird entscheidend für eine Erneuerung des Amtes und die noch ausstehende Kirchenreform sein, was wir bereits in der ersten These bedacht haben und nun mit dem Begriff und der Vorstellung vom „gemeinsamen Priestertum aller Gläubigen“ zu verbinden haben. Wie Christus selber hat auch die Gemeinschaft der Getauften „durch Christus im Heiligen Geist Zugang bei Gott dem Vater (Eph 2,18), sie ist selbst ‚heilig‘ (Eph 1,4) und kann mit Zuversicht herantreten an den Thron der Gnade (Hebr 4,16). Darum wird die Gemeinschaft der Getauften in der Schrift eine heilige und königliche Priesterschaft genannt (1 Petr 2,5.9); durch Christus sind sie Priester geworden (Offb 1,6; 5,10) und werden nach der Auferstehung als solche hervortreten (Offb 20,6). Sie üben dieses ihr Amt aus nicht durch einen kultischen Dienst im herkömmlichen Sinn, sondern durch ihre ganze christliche Existenz, durch ihre Einfügung in den Tempelbau der Gemeinde (1 Petr 2,5), durch die tatkräftige Übung der Liebe (Phil 4,18; Hebr 13,16), durch ein Leben gemäß der Berufung zum Lobpreis Gottes (1 Petr 2,9).“[30]

[30] Art. Priester. In: Adam, A. u. Berger, R.: Pastoralliturgisches Handlexikon 422.

Das „Priesteramt Christi“ ist also zuerst der Kirche und der Gemeinde vor Ort als ganzer anvertraut. Es lebt und erhält seine Vollmacht von dem Auftrag, den Jesus seiner Gemeinde eingestiftet hat. Von diesem Auftrag Jesu her läßt sich deshalb die Autorität dieses Amtes auch allein bestimmen. Die Art und Weise, wie Jesus Autorität ausgeübt hat, ist maßgebend für die Amtsführung der Kirche und in der Kirche. Die Kriterien für die Gestaltung dieses gemeinsamen Auftrages und Amtes dürfen deshalb gerade nicht aus dem Vergleich mit den gängigen Mustern der zeitgenössischen oder einer in der Geschichte nachweisbaren Amtsausübung in Staat und Gesellschaft gewonnen werden. Die Autorität Jesu steht vielmehr im Gegensatz zu den Formen weltlicher Herrschaftsansprüche und ihrer Ausübung. Er versteht seine Sendung und die Geltung, die er unter seinen Jüngern beansprucht, als „Dienst“ (vgl. Mk 10,35–45). Die Herrschaft des Kyrios Jesus wird bei der Verspottung durch die Soldaten und durch die Inschrift am Kreuz offenbar, d.h. in seiner liebenden Lebenshingabe (vgl. Joh 19,19–30). Wegen dieser Lebenshingabe ist ihm „alle Vollmacht gegeben im Himmel und auf der Erde“ (Mt 28,18). Das Besondere, das Eigenständige und Unvergleichliche der „Vollmacht“ (exousia) Jesu, d.h. seiner von Gott geschenkten Autorität, zeigt sich in dieser „Diakonie“. In der Lebenshingabe Jesu am Kreuz erweist sich die Liebe Gottes zu den Menschen als unüberbietbar. Von dieser unvergleichlichen Liebe Gottes zu künden und diese vor aller Welt zu bezeugen, das ist der Auftrag und die Sendung, die der Auferstandene als der vom Vater Bevollmächtigte seinen Jüngern anvertraut (vgl. Mt 28,19). Die Gemeinschaft der Jünger vollzieht von da an „die ihr zukommende Vollmacht in der Erfüllung des von Jesus erteilten Grundauftrags, der Verkündigung des Evangeliums (einschließlich der Sündenvergebung). Dabei ist, wie Karl Kertelge schon 1972 klargestellt hat, immer die Gemeinde insgesamt von Jesus angesprochen, auch wenn sie sich hinsichtlich der Erfüllung dieses Auftrages in bestimmten Funktionen von einzelnen ihrer Glieder ‚vertreten‘ läßt.“[31]

[31] Kertelge, K.: Gemeinde und Amt im Neuen Testament. Biblische Handbibliothek, Bd. 10. München 1972, 156; vgl. 153–168.

12. Der Begriff „besonderes Priestertum" ist durch „Leitungsdienst in der Kirche" zu ersetzen

Schon deshalb sind die „Amtsträger", die Presbyter-Priester in der christlichen Gemeinde, nicht „Priester" im religionsgeschichtlichen und alttestamentlichen Verständnis des Wortes. Sie sind keine Mittler zwischen Gott und einer Gemeinde, die selbst zu Gott keinen Zugang hat. Sie sind vielmehr Strukturelement der Gemeindeordnung, und zwar seit der frühesten Zeit. Allen Amtsbezeichnungen gemeinsam ist der Aspekt des Dienens. Nicht nur der Diakon (diakonos = Diener) ist an die Interpretation des kirchlichen Amtes als „Dienst" gebunden. Alle Ämter in der Kirche sind „Dienste" und finden ihre Legitimation allein „in der sachlichen Entsprechung zum Vollmachtsvollzug Jesu ... Seine eigentliche Legitimierung erlangt das jeweilige kirchliche Amt daher nicht durch eine *nur* formale Autorisierung ‚von oben' oder ‚von unten', sondern durch den sachgerechten Vollzug seines Dienstes."[32] In diesem Sinne kann dann auch von einer „repraesentatio Christi", d.h. von „Stellvertretung" die Rede sein. Neutestamentlich richtig wird dieser Begriff allerdings nur verwendet, wenn der funktionale Charakter dieser Stellvertretung mitbedacht wird: „Es kommt darauf an, daß Jesus Christus mit seiner liebenden Selbsthingabe, das heißt immer auch mit seinem ganzen geschichtlichen Wirken, im Vollzug des jeweiligen Dienstamtes zur Geltung gebracht wird."[33] Das gilt auch und nicht zuletzt für das Leitungsamt bzw. den Hirten-Dienst, zu dem der Heilige Geist die Bischöfe bestellt hat, die Gemeinde Gottes zu weiden, die er sich durch sein eigenes Blut erworben hat (vgl. Apg 20,28). Deshalb sind auch in diesem Zusammenhang zwei Mißverständnisse zu vermeiden: das Bild vom Hirten darf nicht vom Selbstverständnis Jesu gelöst werden, und das Verhältnis zwischen dem Hirten und der Herde darf nicht als absolutes Gegenüber oder als Unterordnung verstanden werden. Wie es im Neuen Bund nur einen „Priester" gibt, Jesus Christus, so auch nur den einen und eigentlichen „Hirten", Jesus Christus (vgl.

[32] Ebd. 159.
[33] Ebd. 161.

Joh 10,1–18). In diesem Sinn lebt und legitimiert sich jeder Dienst in der Kirche „aus dem Geist der Hingabe des Guten Hirten, ganz gleich, ob sich dieser Dienst in der Gestalt des Petrusamtes (vgl. Joh 21,15–17) oder der Presbyter-Episkopen von Apg 20,28f. oder der Presbyter von 1 Petr 5,1–3 konkretisiert. An all diesen Stellen ist nicht zuerst das Gegenüber von Hirt und Herde zu betonen, sondern die selbstlose Hingabe im Vollzug des Dienstes nach dem Vorbild Jesu. Gerade der Vorsteherdienst in der Kirche, aber auch jeder sonstige Dienst hat an diesem Leitbild Maß zu nehmen. Eine Interpretation, die das Gegenüber von Hirt und Herde als das Maßgebende herausstellt, versperrt sich damit leicht den Zugang zur *eigentlichen* Ontologie des Hirtenbildes im NT."[34]

Vornehmste Aufgabe der Vorsteher und Gemeindeleiter im Gottesdienst – und in den beiden anderen Grundvollzügen des kirchlichen Lebens: in Diakonie und Verkündigung – ist es deshalb, den Christus-Gläubigen zu helfen, das ihnen aufgetragene „Priesteramt Christi" im Geiste Jesu zu vollziehen. Denn Christus hat dieses Amt wie die übrigen gegeben, „um die Heiligen für die Erfüllung ihres Dienstes zu rüsten, für den Aufbau des Leibes Christi", damit alle „zum vollkommenen Menschen werden und Christus in seiner vollendeten Gestalt darstellen" (Eph 4,12.13). Der Gemeindeleiter und Gottesdienstvorsteher wird seine Aufgabe umso besser erfüllen, je mehr er selber zur „Ikone Christi" und in diesem Sinne zum Vorbild geworden ist, an dem die Gemeindemitglieder oder die zum Gottesdienst Versammelten das Priestersein Christi ablesen können und durch den sie zur Nachahmung Christi ermutigt werden. In diesem Sinn stellt der Vorsteher-Priester z.B. in der Gottesdienstversammlung das unsichtbare Haupt Christus dar. Er ist eine der Weisen, in der Christus in der Versammlung gegenwärtig ist: Christus bedient sich der Person des Vorstehers bzw. der Vorsteherin, um sein Wirken und seine Gegenwart in der Gottesdienstgemeinde sichtbar zu machen. Deshalb kann niemand von sich aus den Leitungsdienst beanspruchen. „In diesem Sinne ist das Vorstehen bzw. Vorsitzen im Gottesdienst tatsächlich ein In-Dienst-genommen-

[34] Ebd. 162.

Werden. Als Leitungs-Amt ist es das Zeichen und die Garantie dafür, daß die versammelte Gemeinde nicht vergißt, daß Gottesdienst Geschenk und Gnade ist. Die Begegnung mit Gott ist im christlichen Gottesdienst nicht zu erzwingen – auch nicht durch die Anhäufung von Opfergaben."[35]

13. In der Liturgie kann das Zusammenspiel der Kräfte eingeübt und entfaltet werden.

Die Qualifizierung der Liturgie als „Vollzug des Priesteramtes Christi" macht also deutlich, daß hier drei Kräfte zusammenwirken: Christus, der einzige Priester und „Liturge des Heiligtums" im Neuen Bund (Hebr. 8,2) und die Kirche als die von ihm geheiligte königliche Priesterschaft (vgl. 1 Petr 2,5.9), die als Gemeinde am Ort und als Gottesdienstversammlung im Miteinander-Handeln den sacerdotalen Dienst vollzieht. Davon zu unterscheiden, im Vollzug jedoch wesentlich dazugehörend, ist die dritte Kraft: die presbyterale Leitungsfunktion der Amtsträger. Als Glied der Gemeinde und des gemeinsamen Priestertums aller Gläubigen haben die Amtsträger Anteil am sacerdotalen Priestertum Jesu Christi und der Kirche; sie haben aber darüber hinaus die Lehr- und Leitungsfunktion innerhalb und außerhalb der Liturgie (vgl. LG 10). Deswegen wird der Gottesdienstleiter schon bei Justin „Vorsteher (proestos)" genannt. Die Presbyter-Priester stehen nicht nur „in" der Gemeinde, sondern auch „vor" der Gemeinde und ihr „gegenüber". Sie übernehmen in der Gemeindeversammlung den „Vorsitz", freilich nicht zu ihrer eigenen „Erhöhung" oder Befriedigung, sondern um der Gemeinde willen. Im Gegenüber von Presbyter-Priester und Gemeinde soll der Gemeinde bewußt werden, daß sie sich nicht aus sich selber und um ihrer selbst willen versammelt hat, sondern als „ecclesia", als die vom Herrn „Heraus- und Zusammengerufene".
Der Katechismus der Katholischen Kirche beschreibt das Zusammenspiel der drei Kräfte unter Nr. 1119: „Da die Kirche

[35] Hahne, W.: Vom Handwerk und von der Kunst, einen Gottesdienst zu leiten, 92.

mit Christus, dem Haupt, ‚nur eine einzige mystische Person‘ (Pius XII., Enz. ‚Mystici Corporis‘) bildet, handelt sie in den Sakramenten als ‚organisch verfaßte‘ ‚priesterliche Gemeinschaft‘ (LG 11). Durch die Taufe und die Firmung wird das priesterliche Volk befähigt, die Liturgie zu feiern; einige Gläubige aber werden durch die heilige Weihe ‚dazu bestellt, die Kirche durch das Wort und die Gnade Gottes zu weiden‘ (LG 11).“ In KKK 1120 fährt der Katechismus fort: „Das geweihte Amt oder ‚das *amtliche* oder hierarchische Priestertum‘ (LG 10) steht im Dienst jenes Priestertums, das durch die Taufe verliehen wird. Es gewährleistet, daß in den Sakramenten wirklich Christus durch den Heiligen Geist für die Kirche am Werk ist.“ Der Gedanke wird in 1142 wieder aufgegriffen und differenziert entfaltet: „Aber ‚nicht alle Glieder [leisten] denselben Dienst‘ (Röm 12,4). Einzelne Glieder sind in und durch die Kirche von Gott zu einem besonderen Dienst an der Gemeinde berufen. Diese Diener werden ausgewählt und durch das Weihesakrament geweiht… Der geweihte Amtsträger ist gleichsam die ‚Ikone‘ Christi, des Priesters. In der Eucharistie tritt das Sakrament der Kirche voll zutage; daher findet das Amt des Bischofs im Vorsitz der Eucharistiefeier seinen vorzüglichen Ausdruck und, in der Gemeinschaft mit ihm, das Amt der Priester und der Diakone.“ Der folgende Abschnitt im Katechismus (KKK 1143) verweist auf die weitere Differenzierung bzw. Gliederung der Gemeinde im liturgischen Vollzug: „Für den Dienst an den Aufgaben des gemeinsamen Priestertums der Gläubigen gibt es noch weitere *besondere Dienste*. Die damit Betrauten empfangen nicht das Sakrament der Weihe; ihre Aufgaben werden von den Bischöfen gemäß den liturgischen Traditionen und den pastoralen Bedürfnissen bestimmt. ‚Auch die Ministranten, Lektoren, Kommentatoren und jene, die zum Kirchenchor gehören, versehen einen wahrhaft liturgischen Dienst‘ (SC 29).“ KKK 1144 faßt abschließend – wie schon erwähnt (vgl. 8.) – die Argumentation zusammen: „So ist bei der Feier der Sakramente die ganze Versammlung ‚Liturge‘ [Feiernde], jeder seiner Aufgabe entsprechend, aber in der ‚Einheit des Geistes‘, der in allen handelt. ‚Bei den liturgischen Feiern soll jeder, ob Amtsträger oder Gläubiger, in der Ausübung seiner Aufgaben nur das und all das tun, was ihm aufgrund der Natur der Sache und der liturgischen Normen zukommt' (SC 28)."

14. Es ist an der Zeit, den Übergang vom monarchisch-hierarchischen zum kollegial-diakonischen Leitungsstil zu vollziehen.

Beim Versuch, das „Sacerdotium commune fidelium" gegen das „sacerdotium ministeriale" abzugrenzen und zugleich die beiden „Priestertümer" einander zuzuordnen, wird in der „Dogmatischen Konstitution über die Kirche" der Begriff „ministeriale" durch „seu hierarchicum" interpretiert. „In der bischöflich beauftragten Übersetzung" finden wir die Formulierung: „das Priestertum des Dienstes, das heißt das hierarchische Priestertum" (LG 10).[36] Assoziiert man – wie heute üblich – mit „hierarchisch/Hierarchie" die Bedeutung „Heilige Herrschaft bzw. die nach Rangstufen geordnete Herrschaft"[37] oder „Priesterherrschaft, strenge Rangordnung der geistlichen Gewalten"[38], so trifft man offensichtlich die Intention der Konzilsväter nicht. Etymologisch betrachtet, kann „Hierarchie" auch nicht mit „Heilige Herrschaft" übersetzt werden, das entsprechende Fremdwort hieße „Hierokratie". Mit „Hierokratie" bezeichnet das genannte Lexikon: „die Ausübung der staatl. Herrschaft durch kirchl. Amtsträger, auch deren entscheidender Einfluß auf diese Herrschaft"[39]. Solche anachronistischen Vorstellungen vom kirchlichen Amt wird jedoch kein ernsthaft denkender Mensch in LG 10 hineininterpretieren wollen. Bemüht man sich, an die ursprüngliche Bedeutung des Begriffs „Hierarchie" heranzukommen, dann ergibt sich: „Von Haus aus ist mit dem Begriff, der Konzeption der Hierarchie keine Vorstellung von Macht, von Gewalt, von Herrschaft im Sinn dieser Begriffe

[36] Rahner, K. u. Vorgrimler, H.: Kleines Konzilskompendium. Alle Konstitutionen, Dekrete und Erklärungen des Zweiten Vaticanums in der bischöflich beauftragten Übersetzung. 2.Aufl. Freiburg–Basel–Wien 1967, 134.
[37] Vgl. Art. Hierarchie. In: dtv-Brockhaus-Lexikon, Bd. 8: Hau-Irt, Mannheim-München 1988, 103.
[38] Vgl. Dreß, W.: Hierarchie, 47, der das kommunistische „'Fremdwörterbuch', das 1954 im VEB Bibliographischen Institut in Leipzig erschien", zitiert.
[39] Art. Hierokratie. In: dtv-Brockhaus-Lexikon, 104.

verbunden. ... Der Begriff Hierarchie aber will auf die Frage antworten, wer im Bereich des Heiligen an die erste Stelle zu setzen ist. Welche Folgerungen und Folgen sich daraus ergeben, ist damit noch nicht gesagt. Das muß noch jeweils hinzugefügt werden."[40]

Für den Bereich der Kirche Jesu Christi, d.h. für die „Gemeinschaft der Heiligen" (Apostolisches Glaubensbekenntnis) hat Jesus die Frage, wer an die erste Stelle zu setzen ist, mehrmals eindeutig und gleichlautend beantwortet. Offenbar sind Rangstreitigkeiten schon ein Thema der apostolischen Kirche und des jesuanischen Jüngerkreises gewesen. Die Frage „wer von ihnen der Größte sei", hat nach Mk 9,33–37 (Mt 18,1–5; Lk 9,46–48) schon die „Zwölf", die bei Lukas dann zu den „Zwölf Aposteln" werden, umgetrieben und erhitzt: „Da setzte er sich, rief die Zwölf und sagte zu ihnen: Wer der Erste sein will, soll der Letzte von allen und der Diener (diakonos) aller sein" (Mk 9,35). Noch deutlicher wird Jesus, als sich die Söhne des Zebedäus, Jakobus und Johannes, in seinem Reich die besten Plätze sichern wollen: „Ihr wißt, daß die, die als Herrscher gelten, ihre Völker unterdrücken und die Mächtigen ihre Macht über die Menschen mißbrauchen. Bei euch aber soll es nicht so sein, sondern wer bei euch groß sein will, der soll euer Diener (diakonos) sein, und wer bei euch der Erste sein will, soll der Sklave aller sein. Denn auch der Menschensohn ist nicht gekommen, um sich bedienen zu lassen, sondern um zu dienen (diakonesai) und sein Leben hinzugeben als Lösegeld für viele" (Mk 10, 35–45.42–45 vgl. Mt 20,24–28; Lk 22,24–27). Der Schluß des Textes macht die Radikalität des Diakon-Seins bzw. des Dienens deutlich: Es verweist auf die Lebenshingabe Jesu. Nicht umsonst stehen beide Situationen im Kontext einer „Ankündigung von Leiden und Auferstehung" (Mk 9,30–32 und 10, 32–34). Das bedeutet: Das Wesen der Botschaft Jesu wird dort offenbar, wo „Hierarchie" sich als „Diakonie" erweist. Dann aber verzichten wir doch besser gleich auf den so mißverständlichen Begriff und interpretieren „das Priestertum des Dienstes" als „Diakonie der Leitung".

Die Zurechtweisung der „Zwölf" macht zugleich deutlich, daß

[40] W. Dreß, Hierarchie 51.

von Monarchie in der Kirche Jesu Christi schon gar nicht die Rede sein darf. Der Erste und Beste, das Haupt der Kirche, ist Jesus Christus selbst, und zwar als Diener, als Diakon aller. Jeder, der dient, wie Jesus gedient hat, d.h. bis zur Hingabe des eigenen Lebens, dem steht die Führungsrolle zu; daß dies immer nur einer bzw. eine sein kann, davon ist nicht die Rede. Im Gegenteil, die Verpflichtung zum Dienst geht alle an, nicht nur die „Zwölf". Deshalb ist Norbert Mette zuzustimmen: „Bleibender Maßstab für jeglichen Dienst der Christen und ihrer Gemeinden bleibt die Diakonie Gottes unter den Menschen, wie sie unüberbietbar in Jesus Christus offenbar geworden ist. In der Selbstentäußerung seines Sohnes hat Gott ja gezeigt, wer er für uns Menschen ist und sein will. In ihm ist er selbst als Liebe unter den Menschen offenbar geworden, nahm er um ihretwillen Knechtschaft an (Phil 2,5–11). Der Messias ist nicht Herrscher, sondern ‚Diakon', der sich leidenschaftlich für die Lebensmöglichkeiten der anderen einsetzt und dabei selbstlos sein Leben riskiert."[41] Wer deshalb an Jesus, den Christus Gottes glaubt und durch die Taufe Christ bzw. Christin wird, wird nicht nur Glied des Volkes Gottes und damit Laie (vgl. 1. These), sondern auch Diakon und Diakonin, sofern er und sie nach dem Vorbild Jesu den Menschen zum Heil und Leben dienen. In diesem Sinne ist alles Handeln in der Kirche Jesu Christi laikal-diakonisches Handeln und die Diakonie das Band, das alle verbindet. Sie verbindet „das gemeinsame Priestertum der Gläubigen" mit dem „Priestertum des Dienstes, d.h. mit dem hierarchischen Priestertum"; oder sagen wir besser und deutlicher: die „Diakonie der Gläubigen" mit der „Diakonie der Leitung"; „das eine wie das andere nämlich nimmt je auf besondere Weise" (LG 10) am Diakonat Christi teil. Ich formuliere deshalb als *3. These: Die Lösung der Probleme für das Miteinander von Amtsträgern und Laien sowie für das Selbstverständnis der Ordinierten liegt im bewußt vollzogenen Übergang (Paradigmenwechsel) vom monarchisch-hierarchischen zum kollegial-diakonischen Leitungsverständnis.*

[41] Mette, N.: Theologie der Caritas. In: Lehner, M. u. Zauner, W. (Hg.): Grundkurs Caritas. Linzer philosophisch-theologische Reihe, Bd. 19. Linz 1993, 115–138.124.

15. Wir haben allen Grund, die Wiederentdeckung der Diakonie als einheitstiftende Kraft des Volkes Gottes zu feiern.

Ermöglicht wird dieser überfällige Paradigmenwechsel durch die Überwindung der einseitig anabatisch-kultischen Sicht der Liturgie und die Wiederbesinnung der Konzilsväter auf die vorausgehende und begründende katabatisch-soterische Dimension christlicher Liturgiefeier: Weil Gott uns im Gottes-Dienst dient, deshalb können wir ihm antworten mit unserem Gottesdienst. Die Früchte von Gottes Dienst werden wir jedoch nur ernten, wenn wir uns einerseits von aller Selbstbehauptung und Selbstrechtfertigung abwenden und uns den Dienst Gottes gefallen lassen und uns andererseits gegenüber unseren Mitmenschen so verhalten, wie sich Gott uns gegenüber verhält.[42] In diesem Sinne ist Liturgie immer auch Diakonie und Diakonie Liturgie. Das wird in einer Formulierung des Apostels Paulus im zweiten Brief an die Korinther eindrücklich deutlich, deren Sinn und Gewicht in der Einheitsübersetzung jedoch nicht erkennbar wird. Im Kontext „Erneuerter Aufruf zur Sammlung für Jerusalem" (2 Kor 9,1–15) schreibt Paulus in Vers 12: „Denn euer Dienst und eure Opfergabe füllen nicht nur die leeren Hände der Heiligen, sondern werden weiterwirken als vielfältiger Dank an Gott." Im griechischen Text steht wörtlich: „Der Dienst dieser Liturgie (diakonia tes litourgias tautes)". Die Kollekte der Korinther für die notleidende Gemeinde in Jerusalem ist für Paulus die liturgische Diakonie der Korinther an den Christen in Jerusalem und zugleich ihr eucharistischer Dienst vor Gott (euchariston to theo). Nach 1 Kor 16,2 ist es der Erste Tag der Woche, der spätere Herrentag bzw. Sonntag, an dem die Korinther ihren Beitrag zur Kollekte zurücklegen sollen. Während wir im Neuen Testament keinen eindeutigen Beleg für die regelmäßige Eucharistiefeier am Sonntag finden, verweist uns der paulinische Text auf die sonntägliche Liturgie des caritativen bzw. diakonischen

[42] Vgl. Hahne, W. : De arte celebrandi oder Von der Kunst, Gottesdienst zu feiern. Entwurf einer Fundamentalliturgik. 2. Aufl. Freiburg–Basel–Wien 1991, vor allem 184–201.

Handelns der Christen, d.h. der Laien im ursprünglich-theologischen Sinn des Wortes, seit apostolischer Zeit.
Weil sich Paulus im Kontext seiner Verkündigung als „Liturge Christi Jesu für die Heiden" bezeichnet (vgl. z.B. Röm 15,16), können wir abschließend feststellen: Der neutestamentliche „Liturgie"-Begriff erfaßt das ganze kirchliche Leben, alle drei Grundvollzüge des Kirche- und des Christseins: den Dienst der Verkündigung (Martyria), die Hilfe für die Notleidenden (Diakonia) und die Gottesdienstfeier (Liturgia). Immer ist dabei an „das Werk bzw. den Dienst für das Volk" gedacht (vgl. KKK 1070, etymologisch jedoch nicht ganz korrekt). In den lateinischen Bibelübersetzungen wird deshalb „leitourgia" nicht als latinisiertes Fremdwort übernommen, das werden erst die Humanisten einführen, sondern mit „ministerium" (Dienst) und „officium" (Amt) wiedergegeben. In die lateinischen Sakramentare, die Sammlungen der liturgischen Texte des Mittelalters, gehen die beiden Begriffe schließlich im Sinne von Liturgie als Gottesdienstfeier ein. Der dreifach-liturgische Dienst Gottes an den Menschen zielt auf die liebende Gemeinschaft, auf die communio und koinonia mit ihnen. Er ist zugleich die Ermöglichung und die Basis der Gemeinschaft der Gläubigen untereinander. Ihren unüberbietbaren Ausdruck findet diese communio in der eucharistischen Mahlgemeinschaft. Aber auch für alle anderen Versammlungen gilt die Zusage der Gegenwart Jesu Christi unter den in seinem Namen zusammengekommenen Gläubigen (vgl. Mt 18,20). Die Realpräsenz Christi im Wort, im Sakrament und in der Person dessen, der den Dienst der Leitung vollzieht, gründet auf und vollendet sich in seiner Realpräsenz inmitten der Versammlung der Gläubigen. Deshalb ist der erste und fundamentale Dienst der Leitung, das Zusammenkommen der zwei oder drei oder der Vielen zu ermöglichen; d.h. der Dienst der Leitung ist immer Dienst an der Einheit und in diesem nicht-triumphalistisch verfälschten Sinn Pontifikalliturgie: Brückenbauer-Dienst.[43]

[43] Vgl. dagegen die Bedenken, die unbegreiflicherweise von H.-C. Schmidt-Lauber u. K. Heinrich zur Verbindung der Koinonia mit der Trias Martyria – Leiturgia – Diakonia geäußert werden. Dies.: Gottesdienst und Diakonie. In: H.C. Schmidt-Lauber u. K.-H. Bieritz (Hg.), Handbuch der Liturgik. Liturgiewissenschaft in Theologie und Praxis. Leipzig–Göttingen 1995, 654–665.663.

Daß Liturgie im umfassenden Sinn des kirchlichen Heilsdienstes, d.h. des sakramentlichen Dienstes aller Gläubigen an der Welt und im besonderen Sinn der Gottesdienstfeier nicht nur als Diakonie gedacht und verstanden, sondern v.a. gestaltet werden muß, wenn sie von den Christus-Gläubigen und von den Un-Gläubigen als Dienst an den Menschen und vor dem menschenfreundlichen Gott wahrgenommen und erfahren werden soll, steht außer Frage. Wie das aussehen könnte, dazu habe ich in meinem Beitrag in „Vom Handwerk und von der Kunst, einen Gottesdienst zu leiten" einige Bemerkungen und konkrete Vorschläge gemacht. Daß die Reform der liturgischen Sprache, der liturgischen Zeichen, der liturgischen Zeit und des liturgischen Raumes im Kontext des hier angesprochenen Paradigmenwechsels 30 Jahre nach dem Zweiten Vatikanischen Konzil noch in den Kinderschuhen steckt, mag viele verärgern und nicht wenige resignieren lassen. Im Blick zurück auf eine fast zweitausendjährige Geschichte der klerikalen Vorherrschaft nicht nur in der christlichen Gottesdienstfeier, sondern auch in der Verkündigung, muß schon die Möglichkeit, über das Paradigma einer „Diakonie der Leitung" nachdenken, diskutieren und schreiben zu können, als Wehen des Heiligen Geistes verstanden und gefeiert werden.

Norbert Schuster

Mit der Wirklichkeit Volkskirche leben Pastorales Engagement zwischen Spiritualität und Professionalität

1. Vorbemerkungen

Wer von Volkskirche spricht und die Rolle des Pfarrers in dieser Form von Kirche bedenkt, dem kommt vielleicht die alte Kontroverse „Volkskirche versus Gemeindekirche“ in den Sinn. Man kann mit dem Begriff Volkskirche Gesetzlichkeiten verbinden, nach denen sich Kirche über Jahrhunderte hinweg organisiert hat und dies immer noch tut: Das Gesetz des Territoriums und des im Auftrag einer je höheren kirchlichen Instanz für dieses Territorium amtlich Zuständigen als Standestätigkeit, als Pflichtleistung eines Beamten, als Ausübung eines Berufes, oder als Erbringen einer Dienstleistung von der staatlichen oder der kirchlichen Obrigkeit bestimmt, vom Berufsträger selbst oder von seiner Klientel. Die konkrete Sozialform Pfarrei ist immer das Ergebnis einer Bündelung dieser Gesetze und bestimmt Ort und Aufgaben ihrer Funktionsträger. Selbst ein oberflächlicher Blick in die Geschichte zeigt dies und gleichzeitig den Wandel, dem Sozialform Pfarrei und Identität Pfarrer unterworfen sind.

Dies bedeutet nicht, daß alle vergangenen Sozialgestalten und Rollendefinitionen Geschichte sind. Man kann vielmehr den Eindruck haben, daß sie in archetypischen Bewußtseinsformen fortleben und in ihrer Summe der Bodensatz der jeweiligen neuen Situation sind, ohne daß man sich dessen unbedingt bewußt ist. Die Größen, die in ihrer Verschränkung ein Rollen – und Aufgaben bestimmendes Gesamtprinzip ausmachen, sind mit Sicherheit noch bedeutsam. Die Sozialgestalt der Pfarreien prägt immer noch das Berufsprofil des Pfarrers. Das Territorialprinzip macht immer noch den Einfluß übergeordneter Interessen möglich – wenngleich der Staat inzwischen kaum noch dazu neigt, die kirchliche Infrastruktur für seine Zwecke zu instrumentalisieren. Nicht zuletzt mangelt es auch nicht

an ekklesiologischen Versuchen, die gegenwärtige Situation zu deuten und zu stabilisieren.
„Die Kirchen verfügen immer noch über ein nahezu lückenloses Netz der Versorgung: im Bereich unserer Kirche, eindrucksvoll repräsentiert in pastoralen Untergliederungen (Gruppen, Kreise, Verbände, Vereine, Nachbarschaft, Wohnviertel), der Ebene der Territorialgemeinde, des Dekanats, regionale Ebenen, Diözesen, der Ebene der Bischofskonferenz, kontinentale Bischofskonferenzen bis zur römischen Kurie. Gesellschaftliche und politische Organisationen beneiden die Kirche(n) für dieses noch immer gut funktionierende Instrumentarium einer totalen Erfassung."[1] Meiner Meinung nach ist nicht entschieden, daß die Volkskirche in einem überschaubaren Zeitraum abdanken und eine aus ihr erwachsende Gemeindekirche entstehen wird. Eines aber ist sicher: Innerhalb der Volkskirche spielt sich ein dramatischer Wertewandel ab und bei Aufrechterhaltung ihrer grundsätzlichen Struktur verändert sich ihre Sozialgestalt und die Identität der in ihr beheimateten oder mit ihr in Kontakt befindlichen Menschen in einem bislang nicht gekannten Ausmaß. Dies nicht zum Gegenstand pastoraltheologischer Überlegungen zu machen, hieße, sich den Vorwurf gefallen lassen zu müssen, romantisierend in einfachere Wahrheiten zu flüchten und der Komplexität gegenwärtiger kirchlicher Situation auszuweichen. Und dies, obwohl der Normalchrist und Durchschnittspfarrer genau dies nicht kann, aus der Komplexität seiner Lage flüchten.
Um sich wenigstens ansatzweise dieser Komplexität zu stellen, werden im folgenden mehrere Anläufe unternommen. Ein erster steht unter der Überschrift:

2. Abschied und Verlust

Den Pfarrer von früher gibt es nicht mehr, weil es das „früher" nicht mehr gibt und auch nicht das, was zu diesem „früher" gehörte. – Auch nicht das eigene „früher", das, von dem er gerade noch weiß oder ahnt und das gelegentlich den Blick dafür

[1] Müller, J.: Eine verwüstete pastorale Landschaft. In: Lebendige Seelsorge 45 (1994) 293–295.293.

verstellt, daß es dahinter noch weitere, viele andere „früher“ gab. Dies heißt, Abschied nehmen von der Illusion, daß es in Fragen der Struktur, der Identität und gesellschaftlicher Organisationsformen etwas Unwandelbares, Ewiges gäbe.
Die Stadtgemeinde hatte ihren Bischof (als Pfarrer), und die castella und vici an Rhein, Maas, Mosel und Donau hatten ihren vom Bischof gesandten Geistlichen, der sich im Grunde vom Bischof nicht unterschied. Aufgaben und Stellung der Kleriker und ihrer Gemeindemitglieder entsprachen, gemäß der damaligen sozialen Grundformen „Haus“ und „Gefolgschaft“, denen der Herren und deren Gefolgsleuten. – Anstelle der altchristlich römischen Bischofskirchen war das Eigenkirchenwesen getreten. Nun wirkte an jeder kleinen Kirche in jedem Dorf, das sich zu Füßen einer Burg oder eines Rittergutes duckte, ein Priester, der seit Ludwig dem Frommen vom Zehnt der Gläubigen lebte und der sich von ihnen bloß dadurch unterschied, daß er Angehöriger dieses Priester-Standes nur als Freier werden konnte. – Es blieben die gotischen Kathedralen, die es heute unter großem Aufwand zu erhalten gilt; jene Kathedralen, an denen sich die Dom- und Stiftskapitel herausgebildet hatten, die die Seelsorge in den Städten wahrnahmen und noch im 10. Jahrhundert in vita communis lebten: wieder eine völlig andere Form des Priesterseins und eine Christengemeinde in ziemlich neuer Gestalt. – Die Reformation hat bis heute ihre Spuren hinterlassen und die selbstbewußten städtischen Pfarreien, deren Pfarrer meist vom Magistrat präsentiert wurden und vom Typ her eigentlich städtische Beamte waren. – Kaum einer weiß mehr, was Ultramontanismus war und wie stark die Stellung des Pfarrers im geschlossenen katholischen Milieu.
Vorbei sind Zeiten, denen es niemals in den Sinn gekommen wäre, nach dem Selbstverständnis des Pfarrers zu fragen. Die Tatsache, daß es ihn gab, war eine Selbstverständlichkeit und, daß er von der Wiege bis zur Bahre für das Seelenheil zuständig war. Diese Einsicht allein hilft wenig weiter. Spannend dagegen ist der Versuch, ein paar Stationen genauer in den Blick zu nehmen und nach dem Typ Pfarrer zu fragen, der sich da herausentwickelt hatte und von dem es sich nach kurzer Zeit schon wieder zu verabschieden galt.

2.1 Abschied vom Stand

Jahrhundertelang war das Dasein des Pfarrers geprägt durch die Zugehörigkeit zu einem Stand. Die gesellschaftliche und kirchliche Ständeordnung legte den Platz fest, an dem einer stand, regelte damit Über- und Unterordnungsverhältnisse und klärte „Zu – stand – igkeiten". Was einer dann konkret zu tun hatte, was seine Rolle war oder seine Funktion und welche Kompetenzen er dazu benötigte, das bestimmte die sich in der Geschichte ständig wandelnde kirchliche Situation vor Ort. Beide Prinzipien, daß es sich beim Priester nicht um einen Beruf, sondern um einen Stand handelte und, daß es die Identität des Raumes war, die das konkrete Berufsprofil des Pfarrers bestimmte, zogen sich durch viele „früher" hindurch. Doch während das Prinzip der Interdependenz von Identität des Raumes und Identität der Person bis heute gilt, ist das Prinzip vom Stand, der das Profil bestimmt, spätestens mit dem „letzten" „früher", den 60er Jahren, nach offizieller gesellschaftlicher und kirchlicher Lesart aufgegeben worden.
Nach den Revolutionen und Umwälzungen am Ende des 18. Jahrhunderts griff die staatliche Obrigkeit auf eine Weise in die Organisation der Kirche ein, wie das seither nie mehr der Fall war. Die Festlegung der Diözesangrenzen und die Errichtung der Pfarreien wurde als staatliche Aufgabe angesehen, wie sich die josephinischen Reformer auch nicht scheuten, die Pfarrer für ihre Sache zu instrumentalisieren. Der Stand allein zählte nicht mehr, und die Privilegien wollten verdient sein. Die josephinische Kirchenreform vereinheitlichte die Priesterausbildung, erließ eine „Direktivregel", die die Zahl der Gläubigen, die von einem Pfarrer betreut werden können, bestimmte, und verfaßte ein „Pflichtenheft", das die Gottesdienst- und Andachtsordnung festschrieb. Den Pflichten, die den Beamtenpfarrern oblagen, entsprachen die Standards in der Pfarrseelsorge: Der Pfarrgottesdienst, die Katechese in den vom Ortspfarrer beaufsichtigten Schulen, Christenlehre und Spendung der Sakramente und die regelmäßigen Hausbesuche prägten den Alltag des Pfarrers und bestimmten das Bild der Pfarrei bis in die Mitte des 19. Jahrhunderts hinein und bildeten einen unverwechselbaren Typ religiöser Praxis.

2.2 Abschied vom Beamten

Die Zerschlagung der kirchlichen Mittelinstanzen in der ersten Hälfte des 19. Jahrhunderts hatte dazu geführt, daß zwischen den Pfarrern und den Bischöfen keine Pröbste, Archidiakone und andere Würdenträger mehr standen und zwischen den Bischöfen und dem Papst keine mächtigen Metropoliten. Doch dies wirkte sich auf die Stellung der Pfarrer erst jetzt aus. Als nämlich Rom nun auch die Stellung der Bischöfe zugunsten der Kurie schwächte und parallel dazu der Kulturkampf die Bistumsverwaltungen in Preußen zeitweise zum Erliegen brachte, bekamen die Pfarrer ein immer größeres Gewicht und wurden die vielleicht wichtigste kirchliche Instanz. Dies änderte sich nun. Mitteleuropa erlebte ein bis dahin beispielloses Bevölkerungswachstum und eine tiefe wirtschaftliche und gesellschaftliche Umstrukturierung. Industrialisierung und Binnenwanderung und die zunehmende Verstädterung veränderte die durchschnittliche Pfarrei. Die Betreuung der Fabrikarbeiter und Handwerksburschen, Armenpflege und die soziale Frage wurden mancherorts zur Hauptaufgabe der Pfarrei. Aus alledem, auch bedingt durch den politischen Druck von außen – die preußischen Kirchengesetze von 1874 und 1875, in denen die Neuregelung der Verwaltung des Ortskirchenvermögens durch „von der Herrschaft des Klerus unabhängige Kirchenvorstände" verfügt wurde, entstand eher das Gegenteil: Die Pfarrer waren volkstümlich geworden und in ihrem Pioniergeist erschienen sie mancherorts fast als Helden.

2.3 Abschied vom „volkstümlichen Helden"

Wie sehr sich das Bild der Pfarrei und die Möglichkeiten des Pfarrers während der nationalsozialistischen Diktatur wandelten, sei hier nur mit zwei Stichworten angedeutet: Dadurch daß die Nazis die Verbände mehr oder weniger zerschlugen, wurde das Pfarrprinzip als Sozialform konkurrenzlos. Darüber hinaus zielte die nationalsozialistische Kirchenpolitik (wie später auch die der SED) darauf, die Kirche auf die Sakristei zurückzudrängen. Die Schwierigkeiten der ersten Nachkriegsjahre (Wiederaufbau, Vertreibung der Deutschen aus den Ostgebieten, Binnenwanderung) und die Ereignisse der 60er Jahre veränderten die Pfarreienlandschaft noch einmal. Die Welle der Pfarreigründungen führte zu einem neuen Typ Pfarrei, in der das Selbstverständnis einer zwar kleiner werdenden und auch nicht mehr völlig geschlossenen, aber weitgehend homogenen Pfarrgemeinde mit dem Anforderungsprofil des Berufes Pfarrer korrespondierte. Den entscheidenderen Einfluß auf das Entstehen eines konkreten Typs religiöser Praxis hatten aber außerkirchliche Determinanten: Staatliche Zwangsmaßnahmen und veränderte gesellschaftliche Rahmenbedingungen. Sie bestimmten dann auch das, was der Pfarrer war: Von Beruf Seelsorger, von Beruf Helfer, von Beruf Gemeindegründer. – In den 70er Jahren entwickelte sich das Verständnis des Pfarrers noch einen Schritt weiter in Richtung dessen, was mit dem nüchternen Stichwort Beruf assoziiert werden kann: Von Beruf Gemeindeleiter, von Beruf Sozialarbeiter, von Beruf einem Gemeinwesen verantwortlich.

2.4 Abschied vom Beruf

Mit der zunehmenden Individualisierung Mitte der 70er Jahre traten Einzelseelsorge und Kasualpastoral immer mehr in den Vordergrund der Gemeindearbeit. Das Bedürfnis nach religiöser Begleitung an den Lebenswenden und in Grenzsituationen, bei Taufe, Hochzeit, Krankheit, Sterben, Trauer usf. förderte eine Angebotspastoral; losgelöst vom Kontext standen neben der klassischen Pfarrei und dem von ihr geprägten Pfarrer Dienstleistungen und gemeindeloser Einzelkontakt im Vordergrund. Die universale Servicementalität („für meine Kirchensteuer habe ich Anrecht auf bestimmte Dienstleistungen“) und die damit korrespondierende Versorgungsattitüde seitens vieler Pfarrer haben zu dieser Praxis geführt, die, kontraproduktiv für alle Versuche von Gemeindebildung, der weiteren Individualisierung von Religion Vorschub leistete.
Um den gestiegenen Erwartungen an die Qualität seiner Dienstleistung gerecht zu werden, genügte weder der Verweis des Pfarrers auf seine durch die Weihe zweifellos vorhandene Zuständigkeitskompetenz noch die Vertiefung seiner menschlichen Kompetenz. Der Pfarrer kam vielmehr unter Druck, sich

auf Feldern, die ihm bislang berufsfremd waren, um den Erwerb der entsprechenden Kompetenzen zu bemühen. Neben seinem Beruf Gemeindeleiter hatte er sich auf verschiedene Dienstleistungen zu spezialisieren, die es nun zu erbringen galt.

2.5 Und nun: Spezialist und Erbringer von Dienstleistungen?

Alle geschichtlichen Relikte bilden gemeinsam und in ihrer Gegensätzlichkeit den Boden, auf dem heute Identitätsbildung geschieht und finden sich – wenigstens in Spuren – gleichermaßen in den aktuellen kirchenoffiziellen Texten zur Priesterausbildung. – Ehe nun aber der durchschnittliche Pfarrer hätte beweisen können, daß er mit der Zeit zu gehen vermag und die Herausforderung bewältigt, aus dem, was geschichtlich auf ihn überkommen ist und dem, was die Gegenwart von ihm fordert, eine stabile berufliche Identität zu zimmern, brachten zwei Entwicklungen die Gemeinden und ihn selbst schon in die nächste Schieflage: die berufliche Identität des Pfarrers geriet strukturell in die Krise.

3. Verlust

Wenn die Sozialgestalt der Pfarrei einen wesentlichen Faktor der Identitätsbildung des Pfarrers ausmacht, dann muß es verheerende Folgen haben, wenn es erstens die eine Sozialgestalt der Pfarrei nicht mehr gibt, weil die Pfarrei in völlig disparate Gestalten, Religion zu leben, auseinanderbricht, und wenn dem Pfarrer zweitens nicht mehr die eine Pfarrei gegenübersteht, die seine berufliche Identität bestimmt, sondern mehrere, denen er allen Pfarrer sein soll.

3.1 Verlust der einen Sozialgestalt

Die einstige Pfarrei ist in mehrere Gemeinden auseinandergebrochen. Geblieben ist lediglich der territoriale Rahmen. Innerhalb dessen ist die Kultgemeinde das augenscheinlichste Relikt der alten Pfarrei. Als Sonntags- oder Werktagsgemeinde rekrutiert sie einen immer geringeren Teil der Katholiken, prägt aber in der Öffentlichkeit das Bild von Kirche. Darüber hinaus gibt es noch zwei funktionale Äquivalente des ehemals geschlossenen katholischen Milieus: das „konservative“ und das „progressive“. Im konservativen Bereich versucht man innerhalb der Kirche seine überkommene Identität zu bewahren. Man setzt einerseits unbeirrt auf die katholischen Vereine, hält andererseits die Familienideologie hoch und artikuliert sich nach außen durch die Pflege katholischen Brauchtums. Im „progressiven“ Bereich tendiert man dazu, Religion je so zu definieren, daß sie den gerade erreichten Stand der eigenen Identität bestätigt. Christentum – nach dem Konzil – wird eine aufgeklärte Sache, zu einer eher elitären Angelegenheit des bürgerlichen Mittelstandes. Gesprächskreise und Diskussionsrunden, Glaubensseminare und Aktionen kritischer Katholiken werden zum Markenzeichen dieser „Gemeinde“, die später im Umfeld der Synode mit dem Attribut „lebendig“ geadelt wird und an der die Hoffnungsformel „von der versorgten zur mitsorgenden Gemeinde“ festgemacht wird. Kultgemeinde und die in ihr „konservativ“ oder „progressiv“ ausgerichteten Gruppen von engagierten Gemeindemitgliedern bilden eine Kategorie von Christen, die in der Regel als „Kerngemeinde“ bezeichnet wird.

Kirchenmitgliedschaft unter dem Gesichtspunkt des Nutzens und Kirche als Dienstleistungsbetrieb lassen die Pfarrei keine Rolle mehr spielen. Sie ist höchstens der Agenturbezirk des örtlichen Repräsentanten der Sinn- und Sozialinstitution Kirche. Dies isoliert den Pfarrer von seiner ihm noch verbleibenden Kerngemeinde, reduziert ihn auf einen bloßen „Vertreter“ von Produkten eines Monopolunternehmens und macht ihn so für die Kirchenmitglieder seines Bezirks zu einer zentralen Figur. Im Gegensatz zur Kerngemeinde, die den Priester leutselig will und in der die Frömmigkeit der Leute noch einen spezifischen Kirchenbezug hat, ist in der Dienstleistungsgemeinde nicht die Volkstümlichkeit des Pfarrers gefragt, sondern die Qualität der von ihm zu erbringenden Dienstleistung. Bei den Leuten stehen keine kirchlichen, sondern vielmehr individuelle Interessen im Vordergrund. – Nennen wir diese zweite Gemeinde Dienstleistungsgemeinde.

Neben Kern- und Dienstleistungsgemeinde gibt es noch die

„Repräsentanzgemeinde“. In ihr wird vom Pfarrer die möglichst folgenlose Darstellung des Religiösen oder der Moral erwartet, und zwar ausschließlich auf den Feldern, auf denen die hochdifferenzierte, rationalistische und pluralistische Gesellschaft noch nicht genügend säkulare Religion und Moral produziert hat. Solange der Pfarrer sich an die von der Gesellschaft definierten Grenzen seiner Religion und Moral hält, ist er vielerorts ein wohlgelittener wichtiger Gast, dem – sicher nicht das Unwichtigste – finanzielle Ressourcen zur Verfügung stehen, zu denen die anderen keinen Zugang haben. Wie die Dienstleistungsgemeinde hat auch die Repräsentanzgemeinde kein Interesse an der Pfarrei, sie braucht lediglich den Pfarrer. Im Gegensatz zur Kern- und Dienstleistungsgemeinde erwartet man in der Repräsentanzgemeinde vom Pfarrer jedoch nichts außer seiner Präsenz. Man erwartet, abgesehen davon, daß Repräsentanz Arbeit bedeutet, keine Leistung von ihm, weder in puncto Effektivität, also daß er das Richtige tut, wie es die Kerngemeinde erwartet, noch in puncto Effizienz, daß er, was er tut, richtig tut, wie es die Dienstleistungsgemeinde erwartet. Er hat lediglich an der richtigen Stelle dazusein – und richtig ist immer und überall dort, wo man ihn darum bittet – richtig – und richtig heißt, daß von ihm kein Anspruch auf Verhaltens- oder Einstellungsänderungen formuliert oder gefordert wird.
Die jeweilige Sozialgestalt der Pfarrei bestimmt die Identität ihrer Mitglieder und ihres Pfarrers – und umgekehrt. Dieses Gesetz gilt nach wie vor. Da das Territorialprinzip nicht zu Gunsten einer Ausdifferenzierung in Ortsgemeinde, Personalgemeinde und verschiedene Kategorialgemeinden aufgelöst wird – zumindest, was den Pfarrer anlangt, für die anderen kirchlichen Berufe gilt dieses Diktum weniger – gibt es bei der Zuständigkeit ein und derselben Person auf ein und demselben Territorium verschiedene Gemeinden. Dies führt ganz logisch zu verschiedenen Typen von Religionspraxis und zu verschiedenen Funktions- und Aufgabenzuweisungen. Da übergeordnete staatliche Instanzen kein Interesse und Kirchenleitungen nicht die Möglichkeit haben, in diesen Ausdifferenzierungsprozeß normierend einzugreifen, ist das Ergebnis ein Syndrom: diffundierende Religiosität, völlig verschiedene und

was die Form ihrer Verbindlichkeit anlangt, extrem gegensätzliche Sozialgestalten von Christlichkeit, und ein Pfarrer, der sich strukturell in einem Rollen- und Zielkonflikt befindet, der durch keine Beratung und auch keinen Zielvereinbarungsprozeß zu bewältigen ist.

3.2 Verlust der einen Pfarrei, trotz Beibehaltung

Immer weniger Pfarrer müssen immer mehr Gemeinden leiten, der Raum, für den sie verantwortlich sind, wird also vermehrfacht. – Würde er lediglich größer, würde das weniger Probleme mit sich bringen. Für diese noch einmal neue, nach der geschichtlich sich verändernden, nun in der Dimension Raum total umgekrempelten volkskirchlichen Wirklichkeit und das, was sie mit dem Beruf Pfarrer macht, steht ein Wort aus reinstem und bestem Behördendeutsch: Das Wort „Beibehaltung". Binnen kürzester Zeit und ehe es sich der Betroffene versieht, ist er Pfarrer einer zweiten Gemeinde, einer dritten und einer vierten. Und der Wortlaut der Ernennung beginnt immer mit dem Sätzchen „unter Beibehaltung seiner bisherigen Aufgaben". Unter Beibehaltung der Residenzpflicht wird jetzt – mit der zweiten Veränderung – das hohe Lied der Mobilität gesungen (zumindest in diesem Punkt ein Verstoß gegen geltendes kirchliches Recht), und der Mehrfachspagat wird die Regel. Obwohl die Zahl der Priester und der Pfarreien in den deutschen, österreichischen und schweizer Diözesen seit Beginn des 19. Jahrhunderts kontinuierlich gestiegen ist, konnte diese Entwicklung mit dem Anstieg der Zahl der Katholiken nicht mithalten. Resultat: Die Pfarreien sind im selben Zeitraum immer größer geworden: Zählte eine Pfarrei 1830 im Schnitt 1 166 Katholiken, so waren es um die Jahrhundertwende bereits 1 718, 1930 stieg die Zahl dann auf 1 946, 1960 gehörten 2 305 Katholiken zu einer Pfarrei, zu Beginn der 90er sind es 2 149. Nun sagen diese Zahlen aber nicht die ganze Wirklichkeit, denn erstens sind die Diözesen sehr unterschiedlich geprägt, manche sind z.B. überwiegend städtisch, manche überwiegend ländlich strukturiert u.v.a.m., und zweitens ist das Pfarreiennetz aus historischen Gründen unterschiedlich dicht. Manche Diözesen haben sehr wenige sehr große Pfarreien, eng aufeinander oder weiträumig, manche dagegen sehr viele sehr kleine Pfarreien.

Fragt man im gesamten deutschsprachigen Raum danach, wieviele Priester für eine Pfarrei zur Verfügung stehen, irritiert die Antwort zunächst: Die Gesamtzahl der Priester ist immer noch erheblich höher als die Zahl der Pfarreien. So dürfte es also – mit 1,7 Priestern für eine Pfarrei (im Vergleich: 1830: 2,0; 1900: 2,0; 1930: 2,2; 1960: 2,2) keinen Pfarrermangel geben. Ein erster Blick in die Statistik zeigt aber schnell das ganze Ausmaß des grundsätzlichen Dilemmas: Es sind im Schnitt lediglich 40 % der Priester im aktiven Pfarrdienst. 30 % der Priester eines Bistums sind nicht in den Pfarreien beschäftigt, und weitere 30 % sind bereits pensioniert. (Die Zahl der Pensionierten wird dabei in den kommenden Jahren am schnellsten steigen.) – Wenn man in einem weiteren Schritt die einzelnen Diözesen miteinander vergleicht, ist die Tatsache nicht von der Hand zu weisen, daß es eben Diözesen gibt, in denen es überdurchschnittlich viele Priesterberufungen gibt, und andere, die weit weniger „fruchtbar" sind. Ob – wie z.B. in Köln und Graz – durchschnittlich 6 von 10 000 Katholiken Priester geworden sind oder – wie im deutschsprachigen Südtirol – 15, das macht einen gewaltigen Unterschied.

Freiburg z.B. hat eine Pfarreigröße, die ziemlich exakt der durchschnittlichen Größe der Pfarreien im deutschsprachigen Raum entspricht und hat auch keinen wesentlich anderen Anteil seiner Priester in den Pfarreien eingesetzt, als allgemein die Praxis ist, dennoch gehört Freiburg zu den Diözesen, in denen schon überdurchschnittlich viele Pfarreien nicht mehr besetzt sind. Dieser Befund läßt sich nicht allein dadurch erklären, daß das Bistum weniger Priesterberufungen hat als der Durchschnitt (wenngleich –10 % einen nicht unerheblichen Faktor anzeigt). Um diesem Phänomen genauer auf die Spur kommen zu können, gibt ein Blick in die Pfarreistruktur eine erste Auskunft: 18 % der Pfarreien im Erzbistum zählen keine 600, 17 % zwischen 600 und 1 000 und 16 % der Pfarreien zählen lediglich zwischen 1 000, und 1 600 Katholiken. Geht man nun davon aus, daß auch in Freiburg lediglich 40 % der Priester in den Pfarreien eingesetzt sind, heißt dies: In den etwas mehr als 1 000 Pfarreien sind noch 640 Priester eingesetzt.

Damit würde, ginge man davon aus, daß zuerst die kleinen Pfarreien keinen eigenen Pfarrer mehr bekommen, in allen (377) Pfarreien mit weniger als 1 000 Katholiken keine Pfarrer mehr wohnen. Da dies aber keineswegs der Fall ist, (bleiben doch gerade sehr hochbetagte Pfarrer, die schon etliche Jahrzehnte in ihrer kleinen Pfarrei arbeiten, weit über die Pensionsgrenze dort im Amt), wird deutlich, daß auch Pfarreien bis zu 2 000 Katholiken eine immer geringere Chance haben, einen eigenen Pfarrer zu bekommen.

Die Zahl der Priester, die für zwei oder drei oder gar vier Pfarreien verantwortlich sind, wird immer größer. „Kooperative Pastoral" und die „Zusammenarbeit mehrerer Gemeinden" heißen deswegen seit geraumer Zeit die Zauberworte. Dadurch entstehen aber sofort so viele neue Probleme vor Ort, daß man dort vergißt, daß die Zusammenarbeit eigentlich ein Problemlösungsversuch sein sollte. Vier dieser Probleme seien an dieser Stelle kurz genannt: Die Entsolidarisierung, die Monarchisierung, die Hierarchisierung und die Ideologisierung. Dabei handelt es sich um Ergebnisse von Interaktionsmustern, die auch die Schwierigkeit bezeichnen, in die der Pfarrer strukturell gerät, wenn er mehreren Pfarreien Pfarrer sein soll.

Entsolidarisierung ist ein solches Problem und beginnt damit, daß man die gegenseitigen Bedürfnisse nicht mehr zur Kenntnis nimmt. Der Service in der großen Gemeinde wird zu Lasten der kleinen Gemeinde, die man dann achtlos Filiale nennt, ausgebaut. Die einen verbindet letztlich nichts mehr mit den anderen, außer einem ihnen von außen her aufoktroyierten Zwang zum Miteinander. – Hier sind die Gesamtleitung, alle Pfarrgemeinderäte, der Pfarrer und die Mitarbeiter gefragt, ob sie bereit sind, einen Gegenkurs zu steuern und konsequent dezentral zu denken.

Monarchisierung. Wenn z.B. einer nach dem anderen fast unmerklich die Mitarbeit aufkündigt, wenn gefragt wird: Wozu braucht man in jeder Gemeinde ein Pfarrblatt?, das gehe doch auch zentral. Wenn in Sitzungen auffällt, daß immer weniger Vorschläge und Kritik eingebracht und statt dessen Entscheidungen der Mehrheit kommentarlos hingenommen werden, wird klar, daß die Zusammenarbeit mehrerer Gemeinden ein sehr grundsätzliches Problem hat: Die vielen kleinen Talente bleiben auf der Strecke und werden dort von den wenigen Großen aufgesammelt, die daraus den Stoff für ihren Krönungsmantel weben. – Hier ist Leitung in die Pflicht genommen, undemokratische Prozesse zu stoppen: Rollen müssen definiert, Aufgaben genau beschrieben und Verantwortungsbereiche klar abgegrenzt werden.

Das ist zugegebenermaßen nicht einfach, wenn die Hierarchisierung schon um sich gegriffen hat. Wenn zuerst nach dem Amt gefragt wird und dann nach der fachlichen Kompetenz, nimmt das erste zu und wird dabei immer hohler, und das zweite nimmt ab und geht verloren. Zusammenarbeit, die nicht mit Macht so gestaltet wird, daß die verschiedenen gemeindlichen Berufungen und kirchlichen Berufe ihr klares eigenständiges Profil entwickeln, führt zur totalen Ineffizienz, weil sie im ausgeprägten Standesdünkel endet. – Die Mitarbeit bei solchen Unternehmen wird tatsächlich oder wenigstens innerlich gekündigt. – Leitung muß die Kompetenz besitzen, Stellen sauber und eindeutig beschreiben zu können, so daß alle Mitarbeiter ihren Platz haben.

Ideologisierung. An Sprechweise und Umgangston, an den Gesprächen über die Zusammenarbeit der Gemeinden und an der Art, wie sich die Mitarbeiter verhalten, sobald von der gemeinsamen Sache die Rede ist, kann man erkennen, ob und wie nachhaltig ideologisiert wird. In der Regel bestimmt Mangel an Humor und ein Klima der Distanz, der Unterkühlung, der Pseudoharmonie das Miteinander. Zusammenarbeit, die nicht in regelmäßigen Abständen intellektuell redlich überprüft und begründet wird, mutiert zu einem Phänomen mit Totalitätsanspruch; zu etwas, das nicht mehr rational hergeleitet, sondern lediglich ideologisch gerechtfertigt wird. – Wer kann, flüchtet aus solchen Zusammenhängen. Gemeindeleitung kann dies nur verhindern, wenn sie es möglich macht, daß absolut angst- und tabufrei geredet und völlig transparent agiert werden kann.

Die Vermehrfachung von Pfarreien in der Zuständigkeit eines Pfarrers führt zu qualitativ anderen Fragestellungen und Anforderungen an dessen spirituelle und professionelle Kompetenz. Der Verlust der einen, in sich geschlossenen und homogenen Sozialgestalt führte dazu, daß der Pfarrer aus der Position des Gegenübers heraus- und in die Gemeinde „eintrat“. Dort

„tauchte er unter“. Seine Identität wurde im wesentlichen von der Identität einer „Untergruppe“ der Gemeinde bestimmt und davon, daß er anderen Gruppen und deren Erwartungen bzw. Rollenzuweisungen nicht so nahe stand. Will er mehreren Gemeinden gleichermaßen gerecht werden, stellt er sich über sie alle. Damit steht er auch dem Bistum näher und dessen Erwartungen an ihn. Im ersten Fall näherte er sich in seiner Rolle je nachdem dem „Hausgeistlichen“, dem „Sakramentenspender“ oder dem „Wandermönch“. Im zweiten Fall wird er so etwas wie ein kleiner Bischof. In beiden Fällen geht mit dem Verlust dessen, was bislang Pfarrei genannt wurde, das verloren, was ihn zum Pfarrer machte. – Wie gesagt: es gibt ihn nicht mehr, über den hier geschrieben wird, den Pfarrer.

4. Kontinuität

Der, von dem hier die Rede ist, ist vielmehr von allem etwas. Er gehört einem Stand an und ist Beamter. Er versucht sich gelegentlich als volkstümlicher Held, und dann ist er wieder schlicht Gemeindeleiter oder Anbieter von Dienstleistungen; zudem ist er – wie gesehen – ein bißchen Hausgeistlicher, ein wenig Sakramentenspender und Wandermönch und inzwischen auch Bischof. Samt der zusätzlichen Tugenden, die man nun erwartet, besitzt er ebenso Fachkompetenz und das know how, in dieser hochdifferenzierten Situation kooperativ und zielgerichtet zu leiten. Dies setzt die Fähigkeit voraus, mit der Vielfalt an Rollen und Funktionen adäquat und gleichzeitig ganzheitlich umzugehen: zu wissen, was bleibt und gleichzeitig das, was nicht das Eigene ist, abzugeben. Wofür es wiederum Entschiedenheit und Toleranz braucht, zwei Tugenden, die ihrerseits in einer er-wachsenen, an dieser Notwendigkeit ge-wachsenen Spiritualität und Professionalität gründen.
Dies in historischem Kontext zu sehen ist die Voraussetzung dafür, Strategien zu entwickeln, damit diese unter veränderten historischen Bedingungen nun nicht mehr notwendige und nicht mehr begründbare Zentrierung und Bündelung Stück für Stück wieder aufgehoben werden kann.
Dabei geht es vor allem um eine Zentrierung, die das Ein- und

Ausatmen in eins gezwängt hat und die es schleunigst aufzulösen gilt, soll nicht so lange der Atem ausbleiben, bis der Tod unausweichlich ist. Nicht von einem, sondern von zwei Punkten muß geredet werden. Wie es auch das II. Vatikanische Konzil tat, als es wie von den zwei Brennpunkten einer Ellipse, von Sammlung und Sendung, Kirche und Welt, Heils- und Weltdienst redete. Es hat aber auch gesagt, wer innerhalb des Ganzen eher für den einen und wer eher für den anderen Vorgang verantwortlich ist: „Den Laien ist der Weltcharakter in besonderer Weise eigen. Die Glieder des geweihten Standes können zwar bisweilen mit weltlichen Dingen zu tun haben, sogar in Ausübung eines weltlichen Berufes. Aufgrund ihrer besonderen Erwählung aber sind sie vor allem und von Berufs wegen dem heiligen Dienstamt zugeordnet."[2] – Dennoch ist diese „Teilung" keine Realität. Vielmehr wird das Junktim von Welt und Heil in einzelnen Konkretionen, wie z.B. der Einheit von Leitung der Gemeinde und Vorsitz der Eucharistie, zum Inbild der Unmöglichkeit, zu einer Teilung von Aufgaben zu kommen. – Vielleicht hilft ein Blick in die Geschichte.

4.1 ... die weltlichen Dinge und das Heil

Mitte der zweiten Hälfte des letzen Jahrhunderts hatte sich eine starke katholische Laienbewegung etabliert mit einer Vielzahl von Vereinen unterschiedlicher sozialer oder religiöser Zielsetzung. Diesen Vereinen gehörten an manchen Orten nahezu alle Mitglieder einer Pfarrgemeinde an. Denn in ihnen hatten die Katholiken – im Gegensatz zur Pfarrei – das Gefühl, beheimatet zu sein. Umgekehrt: Ein Katholik, der keinem Verein angehörte, fand z.B. in der Fronleichnamsprozession keinen Platz. Das Vereinswesen war zu einer echten Konkurrenz der Pfarrei geworden. Außerhalb der hierarchischen Struktur der Kirche entstanden, von Laien gegründet und gemäß ziviler Vereinsgesetzgebung organisiert, war der Klerus zunächst oft ohne direkten Einfluß auf die Entwicklung der Vereine. Dennoch blieb den Bischöfen nichts anderes übrig, als das moderne Vereinswesen zu akzeptieren, nicht ohne

[2] Lumen Gentium 31.

daß sie allerdings immer stärker den Versuch unternahmen, es in die kirchlichen Strukturen einzubinden. So drängten sie die Priester, in den Vereinen Verantwortung zu übernehmen. Sie wurden bald deren Spirituale, klagten das Eigentliche ein und versuchten das Vereinsleben religiös zu vertiefen und ihm eine Mitte zu geben. Besonders in den eng an die jeweilige Pfarrei gebundenen Vereinen hatten die Pfarrer als Präsides aber auch großen Einfluß in anderen Vereinsbelangen. Sie bestimmten bald ganz wesentlich alle Geschicke des Vereins. So konnte aufs Ganze gesehen von einer Spiritualität, die aus der Spannung zweier Pole lebt, keine Rede mehr sein. Die Welt, als Welt Gottes, Welt sein lassen. Die Kirche, als in der Welt, Kirche? Alles hatte in eins zu kommen. Und in den Klerikern kam es dann auch in eins. Sie hatten in den „geistlichen" und in den „weltlichen" Dingen das Sagen und damit die zentrale Rolle. Bei den verschiedensten religiösen, sozialen, caritativen, politischen und geselligen Zwecken, die von den Vereinen schließlich zu Anfang dieses Jahrhunderts oft gleichzeitig verfolgt wurden, war Seelsorge und gesellschaftliches Engagement oft kaum zu unterscheiden: Volksverein, Arbeiter-, Arbeiterinnen, Gesellen-, Lehrer-, Lehrerinnen-, Burschen- und Akademikervereine gaben mehr als anderthalb Millionen Katholiken und ihren Priestern Heimat und stützten dadurch das katholische Milieu zu einem Zeitpunkt, als Zweifel laut wurden, ob die Vereine angesichts einer stetig auseinanderbrechenden Welt noch das richtige Instrument der Pastoral seien: Sie würden so sehr die Kräfte der Seelsorger für die Arbeit mit den weniger werdenden „Treuen" absorbieren, daß für die „Abständigen" weder Zeit noch Kraft bliebe. – Schließlich war es aber erst der erste Weltkrieg, der den Vereinen die ideologische Basis entzog. Denn dort wurde, aus späterer euphorisch glorifizierender Sicht, ein „neuer Geist geboren" und ein neues „Zusammengehörigkeitsgefühl der Menschen untereinander, Opfermut und Nächstenliebe". Vor allem der „Geist der Verbundenheit über alle Stände hinweg, wie er im Schützengraben gewachsen war..."[3] schaffte die Voraussetzung für eine Abkehr von den bisherigen Verbänden. Hatten sie sich doch überwiegend

[3] Noppel, C.: Die neue Pfarrei. Eine Grundlegung. Freiburg 1939, 46.

überpfarrlich und nach verschiedenen sozialen Merkmalen organisiert und ging es jetzt immer stärker um ein Vereinswesen, das die Pfarrei im Blick hatte und sich naturständisch aufbaute.
Mit dem unaufhaltsamen Bedeutungsverlust der klassischen Vereine hat sich ein Stück Geschichte verabschiedet. Und gleichzeitig ein Verständnis von Leitung, zu der ein Priester gehörte, an dem die Verantwortung für Welt und Heil festgemacht wurde, was ihn selbst zur Mitte werden ließ, in der beides in eins kommt: Welt und Heil. Wenngleich die Vereine und die Rolle des Priesters in ihnen Vergangenheit sind, muß diese geschichtliche Etappe mitgesehen und gefragt werden, inwieweit sie eine Rolle spielt, wenn heute über die Einheit von Leitung der Gemeinde und Vorsitz der Eucharistie diskutiert wird.

4.2 … der Vater und die Seinen am Altar und beim Pfarrfamilienfest

Mit dem Zusammenbruch nach dem ersten Weltkrieg kam es allerorten zu leidenschaftlichen Bemühungen, die Seelsorge zu erneuern. Besonders in den viel zu groß gewordenen Stadtpfarreien begannen Priester, in Werkhallen, Kapellen oder anderen Noträumen regelmäßig Gottesdienst zu feiern und die Gläubigen anschließend zu Gespräch und Vortrag und zum gemeinsamen Essen einzuladen. Dabei sollten Heimatgefühl und Gemeinschaftssinn wachsen und eine „geistliche Familie" im Sinn des „corpus Christi mysticum" erlebt werden. „Seelsorge vom Altar aus" und „Gottessiedlungen"[4] wurden Zauberworte für die Kirche, die in den Seelen erwachte (Guardini). Die Pfarrgemeinde als „ecclesiola in ecclesia" wurde die „objektiv richtige Form von Gemeinschaft", die „zwar nicht in so vollkommenem Sinne wie das Bistum, aber dennoch wirklich und wesentlich, ein Abbild, eine organische, das Leben des Ganzen in sich spiegelnde und beschließende Zelle des Leibes Christi, welcher die Kirche ist, darstellt".[5]

[4] Vgl. dazu Noppel, C.: Aedificatio Corporis Christi. Aufriß der Pastoral. Freiburg 1937, 113.
[5] Wintersig, A.: Pfarrei und Mysterium. In: JLW 5 (1925) 136–143.137.

Geprägt von der Liturgischen Bewegung, die von den klösterlichen Zentren wie Beuron, Maria Laach und Klosterneuburg ausging, setzten die Pfarrer in den Pfarreien mit der Volksliturgie einen Schwerpunkt, der die Seelsorge vom Altar aus erst möglich machte. Damit wurden sie, die liturgischen Erneuerer, selbst die Mitte der Pfarrei. Von ihrer Toleranz, ihrer Fähigkeit und ihrer Bereitschaft, dem Volk die Liturgie zu öffnen, hing das Leben der Pfarrei ab. Gleichzeitig sorgten sie dafür, daß die Pfarrfamilie auch ihr eigenes Haus hatte, einen Ort der Begegnung und der Heimat. Mancher Pfarrer war fast nur in Sachen Geld unterwegs und beschritt dabei bisweilen abenteuerliche Wege. Er legte oft genug selbst Hand an, wenn die Pfarrscheuer oder ein altes Fabrikgebäude zum Pfarrheim umgebaut wurde. Auch da drehte sich wieder alles um ihn und vieles hing von ihm ab.

4.3 ... wo der Pfarrer ist, ist die Pfarrgemeinde

Nach dem zweiten Weltkrieg und während des Wiederaufbaus veränderten sich die gesellschaftlichen Rahmenbedingungen sehr rasch. Einschneidende Folgen für die Pfarrei hatte z.B. die seit den 60er Jahren erfolgende Umgestaltung des Schulwesens. Mit der Zurückdrängung der konfessionellen Bindung der Schule, mit der Abschaffung der Zwergschule und mit der Entkonfessionalisierung der Lehrerausbildung fiel die Volksschule als eine wesentliche Aufgabe und damit auch Stütze der klassischen Pfarrei weg. Zudem ging ihr – gerade auf dem Land – durch die kommunale Gebietsreform, die die Zahl der Zivilgemeinden um zwei Drittel verringerte, die Partnerstruktur verloren, aus der ihr ebenfalls ein Stück Selbstverständnis erwachsen war und die ihr konkrete Aufgaben zugewiesen hatte. Es erfolgte eine Wanderungstendenz aus den Städten in das ländliche Umfeld, und es entstanden die typisch traditionslosen Gemeinden der begrünten Vor- oder Gartenstädte.
Konfessionelle Vermischung der Bevölkerung und Massenkommunikation verhinderten ein geschlossenes katholisches Milieu. Der moderne Katholik verband viel Hoffnung mit dem II. Vatikanischen Konzil, das mit jeder Abgrenzung brach und die Öffnung der Kirche zur Welt hin sanktionierte, d.h. der Nor-

malchrist orientierte sich immer mehr an den gesellschaftlichen Erwartungen, wie sie der Religion gegenüber formuliert werden. Es galt nun: Wo der Pfarrer ist, ist die Pfarrgemeinde. Die in die Krise geratene Familie verlor ihre strukturprägende Kraft für die Gemeinde. Das Konzil wandelte den ekklesiologischen Grundgedanken vom „mystischen Leib" – und dessen Haupt – zum offeneren, aber weniger strukturprägenden Kirchenbild vom „Volk Gottes" und vom „Tempel des Hl. Geistes". Statt einer mehr oder weniger totalen Ideologie der Pfarrei, die dem einzelnen seinen Platz in der Kirche vor Ort anweist, nehmen nun die einzelnen von ihren verschiedenen Standpunkten aus eine je andere Definition von dem vor, was bis eben noch Pfarrei hieß. Dies gilt für „Laien" wie Priester. – Der Pfarrer fand – je nach pastoraler Akzentsetzung – „geistesverwandte" Mitstreiter, die sich zur „Mitte" der Gemeinde erklärten.

In den 60er Jahren ist die Pfarrei zwar die „primäre Verwirklichung der Kirche als Ereignis ..., aber eben nicht die einzige."[6] Die „Missionarische Bewegung" dachte pastoral durchaus nicht mehr in Kategorien der Pfarrei. Diese wurde auch dadurch relativiert, daß ihre möglichen Substrukturen wichtiger wurden als sie selbst. „Der Aufbau des weltweiten Gottesreiches vollzieht sich konkret im Aufbau kleiner Gemeinschaften."[7] Es gibt keine spezifische Theologie der Pfarrei, sie ist Teil der Diözese, wo bischöfliche Gewalt wirksam ist bzw. hierarchisch strukturierte Kirche Ereignis wird. Spätestens mit der Kritik an „Humanae vitae" geriet diese in die Krise und mit ihr die Pfarrei. – Vor dem Negativbild einer weltfremden, hierarchisch strukturierten Institution Kirche hat der Pfarrer die Chance, zum Sympathieträger oder Kirchenkritiker zu werden.

Das verbliebene Gemeindemilieu ist „konservativ" oder „progressiv", mit einem „konservativen" oder „progressiven" Priester, der naturgemäß nur einen Teil der Gemeinde „bedient". Noch gab es aber eine Gemeinde. Die Chance, die in der Verbindung von Leitung und Eucharistievorsitz liegen kann, wur-

[6] Rahner, K.: Zur Theologie der Pfarre. In: Rahner, H.: Die Pfarre. Freiburg o.J. 27–39.34f.

[7] Blöchlinger, A.: Die heutige Pfarrei als Gemeinschaft. Einsiedeln 1962, 303.

de vertan, als der jeweils andere Teil der Gemeinde auswanderte.

4.4 … Sympathieträger und Privatgeistlicher

Das Ende der klassischen Pfarrei ist gekommen. Geblieben ist mit der Ortsgemeindenstruktur lediglich ein Erfassungs- und Verwaltungsprinzip als Grundlage für die Zugehörigkeit der Katholiken zu einer Kirche und die Zuständigkeit eines Pfarrers und anderer kirchlicher Mitarbeiter für deren menschliche und religiöse Bedürfnisse. – Das ist der volkskirchliche Ist-Stand der 90er Jahre.

Gefragt sind soziale Hilfestellungen und vor allem menschliche Zuwendung. Im Vordergrund stehen die alltäglichen Probleme, weit seltener existentielle Fragen, mit denen kirchliche Mitarbeiter konfrontiert werden. Kirchliche Strukturdebatten sind längst uninteressant geworden, theologische Probleme spielen kaum mehr eine Rolle, ganz zu schweigen von der Gottesfrage. Wo es sich um religiöse Fragestellungen handelt, geht es meist nicht um eine Klärung der Beziehung zu Gott, sondern um Verhaltensmuster, die man übernehmen könnte zur eigenen Identitätsfindung und Erfüllung individueller Lebensentwürfe. Das Religiöse ist – wenigstens in der Volkskirche – oft kein Thema mehr.

Wohl aber wird immer noch in Richtung Kirche gesucht unter Ausblendung der Wirklichkeit Pfarrei. Erwartet wird ein Pfarrer, der für den Menschen da ist, der direkt an der Basis arbeitet, d.h. möglichst einfach zu erreichen ist. So entscheiden die Erfahrungen, die man mit dem Pfarrer oder dem anderen kirchlichen Personal macht, darüber, was man von Kirche hält. Das ist eines der wesentlichen Merkmale des heutigen Kirchen- und Pfarrerbildes.

Dies führt bei allen Beteiligten zu einer spirituellen Auszehrung des Glaubens und letztlich zur Transzendenzlosigkeit. Die Sinnfrage reduziert sich auf Problemlösungen im Diesseits. Wer jedoch hier gut ist, an dem hält man fest und beschenkt ihn mit allen Sympathien, deren man fähig ist. Damit hat man seinen Privatgeistlichen. Aber selbst in dieser Zerrform Priester kommt Leitung und Feier in einer Person zusammen. Man erwartet von seinem Privatgeistlichen Anleitung und Begleitung auf seinem Weg durch die Alltagsprobleme, und daß er zugleich die dafür notwendigen Zeichen und Riten parat hält und sie einem bei Bedarf zuteil werden läßt.

5. Spiritualität und Professionalität

Was tun? Die Antwort kann nur lauten: sich ändern. Konkreter: Sich eine neue Spiritualität aneignen und ein anderes Verständnis von Professionalität. Die Spiritualität, die ein geistlicher Begleiter braucht (Geduld), die Spiritualität, nur „punktuell" „ge-"braucht zu werden (Demut), und die Spiritualität, die das Leben in der Welt einfordert (Gegenwärtigkeit), – um nur drei Beispiele zu nennen – wollen im Blick auf die verschiedenen „Gemeinden" des Pfarrers immer wieder neu erworben sein. Das kann in Exerzitien eingeübt, in Wüstentagen erbetet und in der Praxis tagtäglich unter kundiger Begleitung erprobt werden. Doch das eigentlich Geistliche, das den Pfarrer ausmacht, ist die Fähigkeit, für sich selbst ein Ganzes zu entwerfen, einen Horizont abzustecken, in dem eine Vielzahl geistlicher Rollen, die ihm zugedacht werden, Platz hat. Neben den vielen Spiritualitäten bedarf es nun der einen Spiritualität, die angesichts einer völlig disparaten Wirklichkeit die Kraft der Ergänzung hat: Wirklichkeiten, die in der augenblicklichen Situation ausgeblendet werden, werden mitgesehen. Dimensionen menschlich religiösen Lebens, die in einem konkreten seelsorglichen Kontakt nicht tangiert werden, werden mitbedacht.

Das setzt voraus, daß der Ballast der Geschichte, alles aus der einen Mitte heraus tragen zu müssen, abgeworfen werden kann. Wo viele Wahrheiten viele „Mitten" bräuchten und viele Leben viele „eigentlich", taugt eine zentristische Spiritualität nicht mehr. Notwendig ist eine polare Spiritualität, die aus der Spannung zwischen mehreren Brennpunkten lebt und Leben immer neu öffnet und auf ein größeres Ganzes hin weitet, eine Spiritualität, die in der Vielfalt Gewinn sieht und Gottes Willen.

Professionalität bedeutet Fachwissen und Kompetenz in vie-

len verschiedenen Tätigkeitsbereichen und im Dienst der Auferbauung der Gemeinde die Kunst, das Ganze im Blick zu behalten. Professionalität heißt, Maßnahmen etwa in einem der drei verschiedenen Segmente „Kerngemeinde“, „Dienstleistungsgemeinde“, „Repräsentanzgemeinde“ oder in verschiedenen Gemeinden, denen der Priester Pfarrer sein soll, in ihren Auswirkungen aufeinander abschätzen zu können und damit zu spielen (Prinzip Vernetzung). Das verlangt ein sicheres Gespür für die Kräfteverhältnisse in diesem heterogenen Gemeinwesen volkskirchlich geprägter Gemeinde und zwischen den Gemeinden, die sich einen Pfarrer teilen, und die Fähigkeit, sie zu nutzen, statt gegen sie anzukämpfen (Prinzip Hebelgesetze). Professionalität konzipiert jede Maßnahme so, daß die investierte Energie einen mehrfachen Nutzen auch auf andere Bereiche hin hat (Prinzip Mehrfachnutzen).
Ohne eine Professionalität, die sich dieser Prinzipien bedient, ist es für einen „in Letztverantwortung“ völlig unmöglich, das Gemeinwesen, dem er vorzustehen und für dessen Liturgie er Verantwortung hat, zu leiten. Gefragt ist heute eine Professionalität, die die Komplexität annimmt als Wirklichkeit und Gottes Gesetz und die die Last der Verantwortung aufteilt, damit nicht nur einer, sondern viele Gott und den Menschen – wie nostra aetate Zeph 3,9 übersetzt – „Schulter an Schulter dienen.“

Thomas Henke

Wahrnehmung des Politischen
Zu einer wenig beachteten Dimension der Seelsorge

1. Ein – vielleicht etwas gewagter – Zugang

Im seelsorglichen Alltag ist sie allgegenwärtig, die Erfahrung mangelhaften Erfolges trotz redlicher Anstrengungen. „Wenn die Menschen überhaupt noch mit ihren Lebens- und Glaubensfragen zu mir kommen“, stellt ein Seelsorger resigniert fest, „habe ich kaum Antworten, geschweige denn Hilfen, die langfristig tragfähig sind.“ Eine Seelsorgerin, die ihre Arbeit unvoreingenommen reflektiert, kommt zu dem Ergebnis: „Wir laufen den Krisen und Problemen ständig hinterher. Angst um den Arbeitsplatz, Sorgen um die Zukunft der Kinder, Beziehungsschwierigkeiten ...: Wenn so etwas im seelsorglichen Gespräch überhaupt noch thematisiert wird, wenn Menschen in solchen bedrängenden Fragen von uns noch etwas erwarten – dann fallen uns allenfalls Worte ein, die kurzfristig trösten, die aber nicht wirklich weiterhelfen können.“ Ein Blick in die Wartezimmer der Psychotherapeuten und Berater kann dann zusätzlich nachdenklich stimmen. Die Therapeutensprechzimmer sind überfüllt, während die Beichtstühle und Sprechzimmer der Seelsorger leer sind. Die Frage drängt sich auf: Was erwarten sich die Menschen vom Seelsorger? Haben sie überhaupt noch Erwartungen? Trauen sie ihnen Kompetenz in ihren Lebensproblemen und religiösen Fragen zu?
Es gibt verschiedene Möglichkeiten, mit solchen ernüchternden Erfahrungen umzugehen. Man kann resignieren, sich auf „das Eigentliche“ (da ist er schon wieder, dieser psycho-strategisch offensichtlich sehr bedeutsame Terminus) zurückziehen. Man kann den Begriff „Erfolg“ aus dem seelsorge-relevanten Wortschatz kurzerhand streichen. Das läßt sich dann auch ganz gut theologisch verbrämen ... Man kann versuchen, sich der Konkurrenz auf dem Psychomarkt zu stellen, die scheinbar effektiveren Angebote und Methoden aus der Therapeutenszene nachzuahmen.

Man kann aber auch nach den Ursachen für derartige Erfahrungen der Erfolglosigkeit fragen. Dabei stößt man dann sehr schnell auf ein doppeltes Problembündel. Da ist zum einen die Frage nach den Kriterien für den Erfolg – oder besser: die nach der Zieldefinition von Seelsorge. Diese Frage stellt sich nicht ausschließlich, aber vor allem auf zwei Ebenen: Auf der (praktisch-theologischen) Reflexionsebene als Anforderung an ein den alltäglichen praktischen Herausforderungen standhaltendes Seelsorgekonzept und auf der subjektiven Ebene als Anfrage sowohl an die häufig diffusen Erwartungen der Ratsuchenden, als auch an das Berufsbild und die Berufsideale des Seelsorgers und der Seelsorgerin selbst. Gerade dieser letztgenannte Problemkomplex stellt sich zunehmend als Falle für den Seelsorger heraus: Die unreflektiert hohen Ansprüche an sich selbst, die Allmachtsphantasien führen zur Selbstüberforderung und letztlich zum Gefühl der Inkompetenz, das sich dann auch nach außen vermittelt.
Der zweite Teil des Problembündels hat zu tun mit dem sozialen Kontext, in dem tagtäglich Seelsorge geschieht. Die Rede vom „Hinterherlaufen hinter den Krisen“ verweist auf die Beobachtung, daß Menschen auch nach einer intensiven seelsorglichen Beratung oder Begleitung wieder in Sozialstrukturen entlassen werden, die pathogen geblieben sind. Früher oder später erscheinen sie dann mit den gleichen Problemen beim selben Seelsorger wieder, oder sie beginnen eine „Klienten-Karriere“ bei verschiedensten Therapeuten, Heilern, Gurus …
Es ist heute beinahe allgemein anerkannt, daß Seelsorge ohne die Rezeption von Erkenntnissen aus Psychologie und Psychotherapie nicht mehr auskommt. Die Orientierung an psychologischen bzw. psychotherapeutischen Konzepten hat fraglos zur Weiterentwicklung sowohl der Seelsorgepraxis als auch ihrer Theorie beigetragen. (Erwähnt sei lediglich die Wiederentdekkung der therapeutischen und diakonischen Dimension der Seelsorge). Und dennoch hat die mit der psychotherapeutischen Orientierung scheinbar (!) zwangsläufig gegebene Konzentration auf das Individuum faktisch zu einer Ausblendung der sozialen und gesellschaftlichen Zusammenhänge, in die der einzelne verstrickt ist, geführt.
Beide Knoten dieses Problembündels sind es, die Anlaß sein

sollten, über die gesellschaftliche und politische Dimension der Seelsorge nachzudenken – und zwar in einer doppelten Hinsicht: als Untersuchung der (impliziten) politischen Dimension seelsorglichen Handelns, etwa der Folgen einer ausgesprochen unpolitischen Seelsorgepraxis, und als Formulierung eines notwendigen Perspektivenwechsels in der Wahrnehmung und Deutung menschlicher Problemlagen – mit dem Ziel, die Trennung zwischen individueller Seelsorge und gesellschaftlich-politischer Diakonie zu überwinden.

2. Eine Zumutung: Reflexionen über einen Begriff

Eine Begründung der These, daß es sinnvoll und notwendig ist, die implizite und explizite politische Dimension der Seelsorge zu reflektieren, kann nicht auf die Anstrengung des Begriffs verzichten – auch wenn damit wiederum eine ganz und gar inopportune Zumutung an Praktiker herangetragen wird, die sich von Begriffen und Theorien nichts mehr erwarten. Obwohl mit diesen Vorbehalten ein noch immer nicht befriedigend gelöstes Problem der (Praktischen) Theologie berührt ist[1], lassen sich doch Sachverhalte ohne Begriffe nicht „begreifen" – so wie sich umgekehrt Begriffe nicht von den Sachverhalten ablösen dürfen. Ungewohnt mag erscheinen, daß zum Zwecke des „Begreifens" hier nicht auf eine vertraute theologische Terminologie zurückgegriffen wird, sondern auf einen – theologisch allerdings sehr wohl relevanten – Begriff aus soziologischen und sozialphilosophischen Reflexionszusammenhängen. „*Lebenswelt*", der Begriff, um den es hier geht, ist ein Schlüsselwort, das aus Philosophie und Soziologie nicht mehr wegzudenken ist, das zunehmend auch viele Pastoraltheoretiker und -strategen im Munde führen – möglicherweise ohne sich über die darin enthaltenen Irritationspotentiale im klaren zu sein und wohl auch ohne systematische Reflexionen auf (Theorie-) Zusammenhänge, auf Strukturen der Lebenswelt und damit auf Konsequenzen für Theorie und Praxis der Seelsorge.

[1] Zur Problematik der Pastoraltheologie angesichts unterschiedlicher Erwartungen vgl. u.a. Henke, T.: Ein Fach zwischen den Stühlen. Wo steht heute die Pastoraltheologie? In: Herder-Korrespondenz 47 (1993) 197–203.

Der bereits von Georg Simmel verwendete Begriff „Lebenswelt" ist von Edmund Husserl systematisch in seiner zwischen 1935 und 1936 verfaßten Schrift: „Die Krisis der europäischen Wissenschaften und die transzendentale Phänomenologie"[2] in die phänomenologische Philosophie eingeführt worden. Das Problem war für Husserl die zunehmende Entfremdung der Wissenschaften von der Lebenswirklichkeit der Menschen. An der Übernahme des Begriffs in die Soziologie war wesentlich der Husserl-Schüler Alfred Schütz beteiligt, der die Husserlsche Phänomenologie der Lebenswelt in Verbindung mit der Verstehenden Soziologie Max Webers für eine Soziologie der alltäglichen Lebenswelt fruchtbar gemacht hat, ohne allerdings die transzendental-phänomenologische Grundlegung von Husserl mit zu übernehmen.
Heute ist dieser Begriff in jeder Hinsicht mehrdeutig und wird in verschiedensten sozialphilosophischen und soziologischen Ansätzen in unterschiedlichster Weise verstanden und verwendet.[3] Im Rahmen seiner „Theorie kommunikativen Handelns" hat Jürgen Habermas einen Lebenswelt-Begriff entwickelt, der in der Auseinandersetzung mit wesentlichen neueren Theorietraditionen einen integrativen Ansatz darstellt, der zugleich philosophisch und soziologisch konzipiert ist und deshalb die Zusammenhänge zwischen Lebenswelt und Gesellschaft erfassen kann – eine Eigenschaft, die ihn für die hier angerissene Fragestellung als besonders geeignet erscheinen läßt, weil der interdisziplinäre Dialog mit diesem Ansatz sowohl eine Präzisierung und Differenzierung der rekonstruktiven Analyse des Seelsorge-Prozesses (wie Seelsorge immer schon geschieht) verspricht, als auch zur praktisch-theologischen Klärung der

[2] Husserl, E.: Die Krisis der europäischen Wissenschaften und die transzendentale Phänomenologie. Eine Einleitung in die phänomenologische Philosophie. Hg. v. W. Biemel (Husserliana. E. Husserl. Gesammelte Werke. Bd. VI) Haag 1954.

[3] Vgl. Bergmann, W.: Lebenswelt, Lebenswelt des Alltags oder Alltagswelt? Ein grundbegriffliches Problem „alltagstheoretischer" Ansätze. In: Kölner Zeitschrift für Soziologie und Sozialphilosophie 33 (1981) 50–72; sowie Luther, H.: Die Zwiespältigkeit des Alltags. Perspektiven der neueren Diskussion zu „Alltag" und „Lebenswelt": ein Literaturbericht. In: Wege zum Menschen 38 (1986) 436–458.

Kriterien und Zielperspektiven für verantwortetes seelsorgliches Handeln (wie Seelsorge theoretisch und praktisch reflektiert geschehen soll) beitragen kann.[4]
Habermas konzipiert seinen Lebenswelt-Begriff unter Verwendung Husserlscher und Schützscher Theorieelemente als „Komplementärbegriff“ zu *kommunikativem Handeln*. Damit wird eine zentrale Spannung theoretisch erfaßt, die unserer alltäglichen Erfahrung entspricht: Auf der einen Seite ist uns die Lebenswelt als undurchschaubarer und großteils auch unbewußter Hintergrund für unser alltägliches Handeln vorgegeben: Wir können aus der Lebenswelt nicht aussteigen. Sie stellt uns die Ressourcen für unsere alltägliche interaktive Praxis zur Verfügung: einen kulturellen Wissensvorrat, soziale Beziehungsgeflechte, individuelle Fähigkeiten und Fertigkeiten. Aus der Sicht der Teilnehmer an Interaktionsprozessen erscheint die Lebenswelt als ein Reservoir von Selbstverständlichkeiten, von unerschütterten Überzeugungen, von bewährten Gewohnheiten und Routinen, die von den Kommunikationsteilnehmern für kooperatives Handeln fraglos benutzt werden. Damit bildet die alltägliche Lebenswelt einen vertrauten Hintergrund bzw. eine stabilisierende Basis für die vom ständigen Dissensrisiko gefährdeten Verständigungsversuche.
Auf der anderen Seite ist die Lebenswelt nicht nur der unproblematische Horizont für die alltägliche Verständigungspraxis, sondern die Lebenswelt wird durch eben diese kommunikative Praxis erst hervorgebracht. So wird der kulturelle Wissensvorrat der Lebenswelt durch kommunikatives Handeln überliefert und ständig verändert; die Integration in soziale Gruppen wird durch kommunikatives Handeln unterstützt, Solidaritäten werden hergestellt und erneuert; die personale Identität und die Kompetenzen des einzelnen werden durch soziale Handlungen, durch Sozialisationsprozesse ausgebildet.

[4] Vgl. Habermas, J.: Theorie des kommunikativen Handelns. 2 Bde. Frankfurt a.M. 1981. Zur ausführlichen Begründung sowohl der soziologischen bzw. sozialphilosophischen als auch der praktisch-theologischen Relevanz dieses Ansatzes vgl. Henke, T.: Seelsorge und Lebenswelt. Auf dem Weg zu einer Seelsorgetheorie in Auseinandersetzung mit soziologischen und sozialphilosophischen Lebensweltkonzeptionen. (Studien zur Theologie und Praxis der Seelsorge. Bd. 14.) Würzburg 1994.

Nun ist es aber keineswegs so, daß wir im Alltag autonom handeln können. Die gesellschaftlichen Bedingungen stellen vielmehr Herausforderungen für unser Alltagshandeln dar, die wir nicht ignorieren können. Lebenswelt und Gesellschaft sind also keineswegs identisch. Moderne Gesellschaften sind durch ständig steigende Komplexität gekennzeichnet. Die Gesellschaft läßt sich deshalb von innen kaum mehr als einheitlicher Zusammenhang erschließen, d.h. sie wird unüberschaubar. Es gibt kein einheitliches Zentrum mehr, das die Gesellschaft im ganzen wesentlich bestimmt. Aufgrund dieser Komplexität können moderne Gesellschaften nicht mehr allein sozial integriert werden, sondern müssen ihre Probleme durch entlastende alternative Integrationsmechanismen lösen.[5]

Im Laufe der Entwicklung moderner Gesellschaften haben sich deshalb eigene funktionsspezifische Systeme ausgebildet: das System der Staatsverwaltung auf der einen und das Wirtschaftssystem auf der anderen Seite – mit komplexen Wechselbeziehungen untereinander. Wesentlich ist nun, daß sich diese beiden Systeme von der Lebenswelt abkoppeln, und daß innerhalb dieser Systeme die sozialen Beziehungen formalisiert sind; d.h. sie werden nicht primär durch das Medium „Sprache“ integriert, sondern durch eigene „Steuerungsmedien“, die ohne Rückgriffe auf die Ressourcen der Lebenswelt funktionieren: „Geld“ im Bereich der Wirtschaft und „Macht“ im Bereich der Verwaltung. Wobei „Geld“ und „Macht“ für die formalen Gesetzmäßigkeiten bzw. Integrationsmechanismen stehen, die nur im jeweiligen Systemzusammenhang gelten und eben nicht subjektiv steuerbar, vom einzelnen nicht beeinflußbar sind: die Tauschrelationen und Gesetze des Marktes bzw. die bürokratischen Verwaltungsordnungen.

Der einzelne kann in diesen systemischen Zusammenhängen nicht als Subjekt betrachtet werden; er bekommt vielmehr differenzierte Rollen zugewiesen: z.B. die Rolle des „Konsumenten“ im Wirtschaftsbereich und die Rolle des „Klienten“ im Verwaltungsapparat.

[5] Dieser allgemein anerkannten Problemlage trägt Habermas in seiner Theorie Rechnung, indem er Gesellschaften „*gleichzeitig* als System und Lebenswelt zu konzipieren“ sucht (Habermas: Theorie. Bd. 2, 180), wobei die Lebenswelt-Perspektive die (methodische und normative) Priorität behält.

Das heißt nun nicht, daß „Lebenswelt" und „System" in zwei klinisch reine Bereiche getrennt werden könnten. Selbstverständlich ist die Lebenswelt nicht frei von strategischen Handlungen – im Gegenteil: Die Bedingungen für eine freie Verständigungspraxis werden im Alltag nur selten erfüllt. Aber dennoch sind lebensweltliche Tradierungs-, Sozialisierungs- und Integrationsprozesse konstitutiv auf kommunikatives Handeln angewiesen. Umgekehrt sind auch innerhalb der Verwaltung und Wirtschaft demokratische Prozeduren und informelle kommunikative Beziehungen möglich; allerdings hängt die Existenz systemisch organisierter Handlungsbereiche eben nicht davon ab.

3. Eine erste Anwendung auf die Problematik der Seelsorge

Auf den ersten Blick scheint Seelsorge mit diesen gesellschaftlichen Zusammenhängen nichts zu tun zu haben. Es gibt inner- und außerkirchlich einen weitverbreiteten Konsens, Seelsorge sowohl von gesellschaftlichen Einflüssen als auch von gesellschaftlicher Einflußnahme freizuhalten.
Wenn man allerdings die Strukturen und die Bedingungen seelsorglicher Praxis mit Hilfe des oben nur kurz skizzierten Lebensweltbegriffs genauer analysiert, dann läßt sich zeigen, daß diese Position zum einen unrealistisch ist, und zum anderen – bewußt oder nicht – bestimmten (politischen) Interessen dient. Dazu müssen 1. die gesellschaftlichen *Bedingungen* und 2. die gesellschaftlich-politischen *Folgen* jeder seelsorglichen Praxis betrachtet werden.
1. Seelsorge, die sich auf den einzelnen Ratsuchenden konzentriert und ihre Aufgabe allein in der Zuwendung zum einzelnen sieht, kann Notlagen und Krisen ihrer Klienten nur als Scheitern oder Versagen des einzelnen begreifen. Die Ausblendung gesellschaftlicher Zusammenhänge führt so langfristig zu einem Realitätsverlust in der Seelsorgepraxis.
Damit ist ein erster Aspekt des oben erwähnten Wahrnehmungsproblems angesprochen: Wie werden die Probleme, die in der Seelsorge zur Sprache kommen, wahrgenommen und interpretiert – als Probleme des einzelnen oder als Probleme

mit einer sozialen und gesellschaftlichen Dimension? Die praktische Relevanz dieser Frage ist unmittelbar einsichtig: Seelsorgliches Handeln wird ein völlig anderes Gesicht bekommen, wenn beispielsweise die durch Arbeitslosigkeit bedingte Armut als Versagen des einzelnen wahrgenommen wird, wie wenn politische und wirtschaftliche Zusammenhänge von Anfang an mit einbezogen werden. Wenn Krisen ausschließlich als individuelles Schicksal gedeutet werden und die gesellschaftlich bedingten Zusammenhänge unberücksichtigt bleiben, kann Seelsorge die individuellen Notlagen nicht langfristig beseitigen, weil eine individualistisch verkürzte Seelsorge lediglich die Symptome, nicht aber zentrale Ursachen für individuelles Leiden im Blick hat. Statt an den Ursachen zu arbeiten, die Seelsorge überhaupt erst nötig machen, läuft sie den individuellen Krisensymptomen hinterher und versucht immer wieder aufs neue die Opfer gesellschaftlicher Fehlentwicklungen in soziale Verhältnisse zu reintegrieren, die pathogen geblieben sind.
2. Eine Seelsorgepraxis, die sich in den privaten Bereich intimer Beziehungen zurückzieht bzw. zurückdrängen läßt, verstärkt die gegenwärtig gängige Tendenz zur Flucht in die Überschaubarkeit der privaten Welt und verschärft dort als Dienstleistung am privaten Glück die Problematik einer konsumorientierten Haltung. Letztlich wird durch eine Seelsorgepraxis, die sich auf das „In-Ordnung-Bringen" beschränkt, die Abhängigkeit der Ratsuchenden von seelsorglichen Reparaturmaßnahmen erzeugt.
Skepsis ist deshalb angebracht, wenn der Kirche und ihren Angeboten die gesellschaftlich nützliche Funktion eines „Kontingenz-Managements" zugeschrieben und dabei scheinbar deren gesellschaftliche Notwendigkeit bestätigt wird. Auch nach einem (scheinbaren) Ende der Politischen Theologie muß sich jede Glaubenspraxis – und damit auch die seelsorgliche Praxis – die keineswegs obsolet gewordene (religions-kritische) Frage gefallen lassen, ob und wie sie Herrschaftsinteressen dient bzw. ob sie direkt aus Herrschaftszusammenhängen ableitbar ist, ob sie – gewollt oder nicht – für die Selbsterhaltung gesellschaftlicher Zustände und Funktionsabläufe instrumentalisiert, mißbraucht wird, ob sie lediglich absegnet, bestätigt, legitimiert – ohne in Frage zu stellen und ohne zu verändern.

Seelsorge hat also – auch und gerade, wenn sie sich gegenüber politischen Zusammenhängen neutral verhalten will – ihre „politische Unschuld" längst verloren. Es geht gar nicht um die Entscheidung, ob ich als Seelsorger politisch handeln will oder nicht. Es geht vielmehr darum, ob ich die politischen Implikationen meines Handelns bewußt gestalten will oder nicht – und wenn ja, in welche Richtung.

4. Der Versuch einer Konkretion: Gesellschaftliche Bedingungen der Seelsorge

Wenn diese Analyse zutrifft, erscheint es unerläßlich, sich der gesellschaftlichen Bedingungen seelsorglicher Praxis zu vergewissern. Dabei werden wir auf einen zweiten Aspekt des Wahrnehmungsproblems stoßen.

In der öffentlichen Diskussion um die Situation der modernen Gesellschaft wird die Rede von der „Krise der modernen Gesellschaft" in Verbindung gebracht mit Schlagworten wie „Anonymität", „Entfremdung", „Sinn- und Orientierungsverlust", „Egoismus", „Konsumorientierung" usw. So vielfältig wie die Symptome sind die angebotenen Erklärungsmodelle, die nicht selten dazu benutzt werden, die eigenen politischen Interessen abzustützen. Insbesondere in neokonservativen Kreisen wird für diese Phänomene der sogenannte „Werteverlust" verantwortlich gemacht – ursprünglich um die „geistig-moralische Wende" zu legitimieren, inzwischen um das Versagen der institutionalisierten Politik zu kaschieren. In der alternativen Szene ist die Skepsis gegenüber Differenzierungsprozessen der Moderne anzutreffen – verknüpft mit der naiv-nostalgischen Beschwörung einfacher, überschaubarer Lebensformen.

Sowohl die Folgenlosigkeit dieser „Diagnosen" als auch die dahinterstehenden Ideologien bzw. durchsichtigen machtpolitischen Interessen lassen bereits vermuten, daß solche und ähnliche Interpretationen durchgängig von falschen Voraussetzungen ausgehen.

Es gibt unterschiedliche Versuche, die gesellschaftliche Situation und die Tendenzen ihrer Entwicklung unter verschiedenen Perspektiven zu beschreiben – mit je eigenen Plausibilitä-

ten und Problemen.[6] Der in diesem Zusammenhang gewählte kommunikationstheoretisch begründete Ansatz von Jürgen Habermas geht aus von den *Rationalisierungsprozessen* der Moderne, die zugleich *ambivalent* und *unumkehrbar* sind.
Mit dem durch den alltagssprachlichen Gebrauch etwas mißverständlichen Begriff der *„Rationalisierung"* wird die Tatsache erfaßt, daß der selbstverständliche und unproblematische Hintergrund der Lebenswelt durch die alltägliche Verständigungspraxis Stück für Stück thematisiert und damit in explizites Wissen transformiert wird. Traditionale Lebenswelten lösen sich schrittweise auf, allgemeingültige Deutungssysteme und religiöse Weltbilder verlieren ihre Verbindlichkeit, und überkommene Milieugrenzen verschwinden. Gewohnheiten werden bewußt und veränderbar; Traditionen werden reflexiv und damit anfragbar; Ordnungen und Institutionen werden kritisierbar und überprüfbar. Der einzelne kann und muß seine Identität auf sich selbst gestellt aufbauen. Für die soziale Alltagspraxis bedeutet das, daß man für Entscheidungen zunehmend weniger auf einen von allen geteilten, fraglosen Hintergrundkonsens zurückgreifen kann, sondern sich über die Grundlagen der Entscheidung erst miteinander verständigen muß.
Die *Unumkehrbarkeit* der skizzierten Entwicklungen meint, daß die modernen Rationalisierungs- und Individualisierungsprozesse nicht mehr rückgängig zu machen sind – auch nicht durch die Versuche, traditionelle Milieugrenzen wieder herzustellen.[7] Wenn man allerdings die kirchliche Praxis im allgemeinen und die Seelsorgepraxis im besonderen anschaut, hat man nicht den Eindruck, daß mit dieser Unumkehrbarkeit ernsthaft gerechnet wird. Es wird noch immer viel Energie darauf verwendet, längst aufgebrochene Grenzen neu zu er-

[6] Vgl. u.a. die auf verschiedenen Ebenen mit unterschiedlichen Intentionen angesiedelten Ansätze von Beck, U.: Risikogesellschaft. Auf dem Weg in eine andere Moderne. Frankfurt a.M. 1986; Luhmann, N.: Soziale Systeme. Grundriß einer allgemeinen Theorie. 2.Aufl. Frankfurt a.M. 1985; Ritzer, G.: Die McDonaldisierung der Gesellschaft. Frankfurt a.M. 1995; Schulze, G.: Die Erlebnisgesellschaft. Kultursoziologie der Gegenwart. Frankfurt a.M. 1992.
[7] Vgl. dazu Gabriel, K.: Christentum zwischen Tradition und Postmoderne. (Quaestiones disputatae. Bd. 141). Freiburg–Basel–Wien 1992, bes. 193–202.

richten – mit der Folge eines Rückzugs in zunehmend „schrumpfende Reservate traditionaler Lebensorientierung“ (Karl Gabriel) und damit einer Emigration aus der Gesellschaft in ein Ghetto, in dem sich Sekten und Fundamentalisten tummeln. Diese letztlich unfruchtbaren Versuche mögen mit dem zweiten Charakteristikum der beschriebenen Entwicklungsprozesse zusammenhängen: ihrer *ambivalenten Erlebnisqualität.* Auf der einen Seite steigen durch die Auflösung alter Abhängigkeiten Autonomie und Freiheit des einzelnen. Er kann sich aus dem Angebot verschiedener Lebensformen und Lebensstile das für ihn passende Lebensmodell auswählen. Auf der anderen Seite wird der Abbau der Verbindlichkeit und Plausibilität konventioneller Stützen als Verlust erfahren. Der einzelne muß seinen eigenen Lebensentwurf eigenverantwortlich planen und gestalten. Die soziale Stellung des Individuums ist nicht mehr durch Geburt oder Herkunft festgelegt, sondern dem einzelnen als Aufgabe gestellt. Identität ist nicht mehr an vorgegebenen Rollen in Familie, Nation oder Religion festzumachen. Die Möglichkeit zur freien Entscheidung wird zum Zwang. Die Freiheit kann zur Zumutung werden.

Die sozialen und individuellen Problemlagen in der modernen Gesellschaft können aber nicht allein durch den Integrationsverlust der Weltbilder und mit der Überforderung des einzelnen erklärt werden. Erst wenn durch das Eindringen der Anforderungen anonymisierter (bürokratischer und wirtschaftlicher) Institutionen in die Lebenswelt neue Abhängigkeiten entstehen und dadurch die solidarischen Lebensformen gefährdet werden, entstehen die bekannten Krisen und Pathologien. Dies wiederum hängt mit dem komplexen Verhältnis zwischen Lebenswelt und System zusammen. Diese Wechselbeziehung ist paradox: Auf der einen Seite ist die Entkoppelung von System und Lebenswelt eine wesentliche Voraussetzung für die Effektivität und das Funktionieren komplexer Gesellschaften. Auf der anderen Seite wirken mediengesteuerte Teilsysteme auf Bereiche der Lebenswelt zurück – und zwar auf solche Bereiche, die bisher über Solidaritäten, Werte, Normen usw. integriert worden sind. Das sind Bereiche wie die kulturelle Überlieferung, die Sozialisation der Gesellschaftsmitglieder und deren soziale Integration.

Das Eindringen der Anforderungen anonymisierter, vor allem bürokratischer und wirtschaftlicher Institutionen in diese Bereiche der Lebenswelt, die eigentlich auf soziale Integration angewiesen sind, belegt Habermas mit dem anschaulichen Begriff „Kolonialisierung". Folge dieser „Kolonialisierung" ist die pathologische Verformung oder Zerstörung ihrer kommunikativen Strukturen. Dies wiederum zieht Störungen in der Erhaltung und Erneuerung der Lebenswelt nach sich. Die Auswirkungen auf die Lebenswelt äußern sich dann in Phänomenen wie Sinnverlust, Anomie, Entfremdung, Orientierungs- und Erziehungskrisen usw.

Wo nun die Analyse gesamtgesellschaftlicher Entwicklungen überhaupt in die Seelsorgepraxis einbezogen wird, greift man gerne auf einfache Erklärungsmuster zurück. Da bietet sich die scheinbar plausible *Individualisierungskritik* geradezu an. Die Karikatur des Individualisten, der dann im gleichen Atemzug als „Egoist" diffamiert wird, dient inzwischen als neues Feindbild in kirchlichen Insider-Kreisen verschiedener (ideologischer) Orientierung. Dagegen werden Kirchenleitbilder gestellt, die von der „kleinen Herde der Entschiedenen" reden – und eine „geschlossene Gesellschaft" meinen. Beabsichtigt oder nicht, bleibt dabei unausgesprochen, daß solche Milieus nur um den Preis der Ghettoisierung wiedererrichtet werden können.

Abgesehen davon, daß „Individualität" eine durchaus veritable theologische Tradition aufzuweisen hat[8], kann die gängige Version der Individualisierungsthese die Komplexität der Zusammenhänge nicht erfassen – ja, sie zielt gänzlich an den gegenwärtigen Problemlagen vorbei. Sie wird der differenzierten Lebenssituation der Menschen nicht gerecht und trägt deshalb wenig dazu bei, die Motive derjenigen zu verstehen, die sich von Institutionen nichts mehr erhoffen. Auch auf diese Weise werden also „falsche Wahrnehmungsmuster produziert, die zu Frustrationen und fehlgeleiteter Handlungsorientierung führen müssen" (Klaus Tanner).

[8] Vgl. für die protestantische Tradition die Analyse bei Tanner, K.: Protestantische Individualität und Kirche. In: Amery, C. u. Metz, J.B. u. Schloz, R. u.a.: Sind die Kirchen am Ende? Regensburg 1995, 110–128.

5. Konsequenzen für die Seelsorgepraxis – in Form von Thesen

Einige der Konsequenzen, die sich aus der bisherigen Analyse ergeben, werden im folgenden in Thesenform vorgestellt.[9] Das Holzschnittartige dieser Thesen hat seinen Grund u.a. in der theoretisch nicht einholbaren Konkretheit der jeweiligen lebensweltlichen und gesellschaftlichen Situation und ihrer Herausforderungen für die Seelsorge.

1. Seelsorge kann verantwortet nur betrieben werden, wenn sie auf einer adäquaten Wahrnehmung und Beurteilung der konkreten individuellen und sozialen Situation beruht.

Das setzt voraus, daß die Seelsorgerin und der Seelsorger die Lebenswelt der ihnen anvertrauten Menschen teilen. Nur so ist sowohl eine unmittelbare Wahrnehmung im Kontakt mit den Betroffenen als auch ein Verstehen ihrer Probleme und ihrer eigenen Versuche, die Situation zu deuten und zu bewältigen, möglich.

Sowohl die Situationszusammenhänge als auch die Orientierung des politischen Engagements bedürfen einer *theologischen* Qualifizierung bzw. einer Deutung aus theologischer Perspektive. Dabei muß allerdings grundsätzlich daran festgehalten werden, daß die Verheißungen der Reich-Gottes-Botschaft nicht als Entwurf einer geschichtlichen Gesellschaftsform zu verstehen sind und sich nicht zur Legitimierung einer bestimmten Gestalt von Gesellschaft eignen. Der Reich-Gottes-Gedanke übersteigt *jede* konkrete gesellschaftliche Organisation, kritisiert sie als unvollkommen, weil sie immer hinter der vollen Erfüllung des unbedingten Anspruchs zurückbleibt. Und er relativiert sie radikal, indem er sie unter den Vorbehalt der von Gott zu erwartenden Zukunft stellt. Diese bleibende Spannung zwischen dem Anspruch der Gottesherrschaft und jeder konkreten Verwirklichung von Gesellschaft ist Grund der Hoffnung auf die Vollendung des Reiches Gottes durch Gott selbst und zugleich der Motivationsgrund für politisches gesellschaftsveränderndes Engagement.

Deshalb läßt sich aus der Mitte der christlichen Botschaft auch nicht direkt eine konkrete politische Praxis oder Handlungs-

[9] Vgl. dazu ausführlich Henke: Seelsorge und Lebenswelt, 420–591.

anweisung ableiten. Es geht vielmehr um eine bestimmte Wahrnehmungsweise, die geleitet ist von der Solidarität mit den Opfern der Geschichte und der Gesellschaft – von der Solidarität mit denen, auf deren Rücken heute der sogenannte „Fortschritt“ vorangetrieben wird.
Für Seelsorge heißt das ein Dreifaches: Zum einen geht es beim politischen Engagement in der Seelsorge nicht darum, die politische Praxis von politischen Organisationen und Institutionen zu verdoppeln. Der Beitrag der Seelsorge besteht vielmehr darin, daß sie die gesellschaftlich relevanten Ansprüche der christlichen Glaubenstradition in die öffentliche Diskussion einbringt und durchzusetzen versucht. Seine Kriterien gewinnt seelsorglich-politisches Handeln folglich aus vergegenwärtigten zentralen Inhalten der christlichen Glaubenstradition: Nicht bestimmte politische Interessen sind ihr Maßstab, sondern die Glaubenstradition ist Maßstab für die Bewertung dieser Interessen.
Zum zweiten läßt sich Seelsorge auch nicht für partikulare gesellschaftliche und politische Interessen instrumentalisieren. Die Orientierung an der Reich-Gottes-Botschaft eröffnet für die politische Praxis der Seelsorge einen Horizont, in dem die jeweils konkrete gesellschaftliche Wirklichkeit, aber auch alternative Gesellschaftsentwürfe transzendiert und relativiert werden.
Schließlich hat das politische Engagement der Seelsorge nichts zu tun mit einem fundamentalistischen Anspruch auf die totale religiöse Herrschaft. Zwar sind zentrale Inhalte der christlichen Botschaft mit dem Anspruch auf Unbedingheit und Universalität verknüpft. Dennoch müssen sich Beurteilungen, Zielperspektiven und Handlungsentwürfe der öffentlichen Diskussion stellen. Die Berufung auf religiöse Traditionen darf nicht zur Gesprächsverweigerung führen.
2. Angesichts der Gefährdungen der Lebenswelt verwirklicht sich der gesellschaftlich relevante Auftrag der Seelsorge in der Verteidigung lebensweltlicher Bereiche an den Schnittstellen zwischen Lebenswelt und System.
Wenn die Lebenswelt, die kulturelle Tradition, die Sozialisation der Individuen und ihre soziale Integration durch Kolonialisierungstendenzen bedroht sind, dann sind davon auch die

Kirche und ihr Auftrag zentral betroffen – und zwar in einer doppelten Weise.

Zum einen ist Kirche kein exemter Bereich, der von gesellschaftlichen Krisenerscheinungen unberührt bliebe. Kirche ist Teil der modernen differenzierten Gesellschaft und partizipiert damit auch an deren Wandlungsprozessen, ambivalenten Entwicklungen, Krisen und Pathologien. Als Teil der Gesellschaft reproduziert die Kirche in ihrem eigenen Bereich gesellschaftliche Widersprüche und Probleme. Die Störungen der Lebenswelt durch Übergriffe vor allem bürokratischer Zwänge treten auch in der Kirche auf. Damit ist die Kirche durch ihre eigene Praxis mitverantwortlich für die Ausweitung formaler Prozesse und die zunehmende Zurückdrängung lebensweltlich-solidarischer Bereiche in der Gesellschaft.

Zum anderen sind durch kolonialisierende Tendenzen in der Gesellschaft auch die Weitergabe des christlichen Glaubens und die Integration in soziale Zusammenhänge einer Glaubensgemeinschaft massiv betroffen. Es ist eine Binsenweisheit, daß sich die Übermittlung der christlichen Tradition und die Bildung von Gemeinden nicht durch verwaltungstechnische Maßnahmen erreichen läßt.

Der gesellschaftlich-politische Auftrag der Seelsorge verwirklicht sich deshalb an den Schnittstellen zwischen System und Lebenswelt: Hier geht es um die Verteidigung lebensweltlicher Bereiche gegen Übergriffe anonymer bürokratischer und monetärer Imperative – auch aus dem Bereich der Kirche. Indem Seelsorge selbst sich als kommunikatives Handeln verwirklicht, leistet sie einen Beitrag zur Erhaltung und Erneuerung der Lebenswelt.

3. Der Kirche kann die Tendenz zur „Ent-Solidarisierung“ der Gesellschaft nicht gleichgültig sein, wenn sie in ihrer Praxis den solidarischen Gott verkünden will. Seelsorgliches Handeln müßte sich als Modell solidarischen Handelns verstehen, Lernprozesse in Sachen „Solidarität“ in Gang bringen und solidarischen Lebensformen Räume öffnen.

Unbedingte, bedingungslose Solidarität, zu der Seelsorge von ihrem Auftrag her verpflichtet ist, hat wenig zu tun mit einer Sympathiegemeinschaft mit den Starken, Gesunden, Mächtigen und mit den „guten Christen“, dafür um so mehr mit einer

„solidarischen Parteilichkeit für das beschädigte Leben" (Johann Baptist Metz), mit der parteiergreifenden Solidarität mit denen, die gesellschaftlich an den Rand gedrängt sind, die (Lebens-)Geschichte mehr erleiden als selbst gestalten, die durch ihr Leiden auf sich selbst zurückgeworfen sind und einsam werden, deren Beziehungsnetze durch ihre Notsituation zerstört sind, deren Interessen sonst niemand vertritt. Das Verhältnis der Kirche zu den Armen, den Marginalisierten und Unterdrückten wird zur Nagelprobe ihrer solidarischen Praxis und Verkündigung: *Hier* entscheidet sich, ob Kirche ernst macht mit ihrem Auftrag, den Anbruch des Reiches Gottes in ihrer Praxis zu verkünden.

Seelsorge hat deshalb eine *„Anwaltsfunktion"* für diejenigen, die durch ihre Armut, durch ihre Ohnmacht, durch ihren Mangel an Bildung und durch ihre Sprachlosigkeit aus dem gesellschaftlichen Leben ausgegrenzt werden, die im politischen Verteilungskampf der Lobbyisten marginalisiert sind. Dieser Auftrag erfordert sowohl einen *Perspektivenwechsel* als auch einen *Ortswechsel* der Seelsorger: Seelsorgerinnen und Seelsorger stellen sich auf die Seite der Schwachen und Machtlosen, der Armen, Kranken, Diskriminierten und Ausgebeuteten und sehen die Gesellschaft und ihre Geschichte (aber auch die Kirche!) aus der Perspektive ihrer Opfer. Die Anwaltsaufgabe der Seelsorge besteht also in einem parteinehmenden Handeln, das öffentlich gegen jede Form der Unterdrückung und Marginalisierung von einzelnen und ganzen gesellschaftlichen Gruppen protestiert, das öffentlich für die eintritt, die ihre Rechte und Interessen nicht selbst artikulieren und wirksam vertreten können, und das durch Anstöße zu Solidarisierungen versucht, die mit dem Leiden meist einhergehende Singularisierung und Ausgrenzung zu überwinden. Ein solches solidarisches seelsorgliches Handeln behauptet, daß Gott auf der Seite der Ausgeschlossenen, der Marginalisierten und Vergessenen steht. Es ist vor allem Johann Baptist Metz, der darauf aufmerksam gemacht hat, daß sich Solidarität im christlichen Verständnis nicht auf die Gegenwart beschränkt, sondern auch auf die Geschichte bezieht.[10] Christliche Solidarität ist *anamnetische*

[10] Vgl. Metz, J. B.: Glaube in Geschichte und Gesellschaft. Studien zu einer praktischen Fundamentaltheologie. Mainz 1977.

Solidarität mit den Opfern der Geschichte. Es scheint gegenwärtig so, daß die Erinnerungsfähigkeit des modernen Menschen durch Gedächtnislosigkeit oder durch die geschichtliche Beliebigkeit der Postmoderne bedroht ist. Seelsorge leistet Widerstand gegen das Vergessen, wenn sie sich als Gedächtnis der Leidensgeschichten der Vergessenen versteht und die Erinnerung an diese Leidensgeschichten als kritischen Vorbehalt gegen jede Verabsolutierung politischer Macht und gegen jede Form der Herrschaft von Menschen über Menschen in die öffentliche Auseinandersetzung einbringt – auch dann und gerade dann, wenn es niemand mehr hören will.
Seelsorge in diesem Sinn leistet dann tatsächlich – richtig verstanden – einen Dienst an der Gesellschaft: Sie bringt die Perspektive der Opfer in eine Gesellschaft ein, die Leiden versteckt, kaserniert, verdrängt.
4. Angesichts der faktisch gestörten öffentlichen Kommunikation hat die Seelsorge der Kirche den Auftrag, einem theologisch qualifizierten Begriff von Kommunikation zur Verwirklichung zu verhelfen und deshalb für Kommunikationsgerechtigkeit einzutreten – und zwar in doppelter Hinsicht: sowohl was die Themen betrifft, als auch was die Beteiligung an der öffentlichen Auseinandersetzung angeht.
Wenn die Kirche ihren Auftrag ernst nimmt, an der Verwirklichung des Reiches Gottes mitzuwirken, dann muß sie sich auch einlassen auf den Raum, in dem soziale Kommunikation einer Gesellschaft geschieht, wo Themen, Meinungen, Interessen verhandelt werden. Dieser Raum ist in demokratischen Gesellschaften die *Öffentlichkeit.* Die öffentliche Kommunikation bestimmt darüber, welche Themen überhaupt gesellschaftlich relevant sind und welche Bedeutung ihnen beigemessen wird. Deswegen kann sich keine soziale Gruppe, die Anspruch auf die (Mit-)Gestaltung der Gesellschaft erhebt, aus der öffentlichen Kommunikation zurückziehen – außer sie gibt diesen Anspruch auf. Kirche muß also, will sie im Spiel bleiben, in diesem Raum der Öffentlichkeit kommunizieren.
Eine enorme Herausforderung für die Kirche ist deshalb die zunehmende Instrumentalisierung der Öffentlichkeit für legitimatorische Zwecke und ihre Funktionalisierung zur Durchsetzung v.a. wirtschaftlicher Interessen – verbunden mit ei-

nem Ausschluß von Themen und sozialen Gruppen aus dem öffentlichen Diskurs.
Durch ihre konkreten Erfahrungen mit den Leiden und Ängsten, aber auch mit den Sehnsüchten und Hoffnungen der Menschen ist Seelsorge dazu prädestiniert, *Themen* in die Öffentlichkeit zu bringen, die sonst nicht zur Sprache kommen. Wenn man das Verhältnis der Kirche zur Öffentlichkeit und zu den Medien betrachtet, gewinnt man allerdings den Eindruck, daß Kirche bisher vor allem auf Reizthemen und dort im wesentlichen defensiv reagiert. Sie läßt sich die Themen weitgehend von außen aufzwingen, statt aktiv Positionen zu besetzen und für Themen einzutreten, die in der Öffentlichkeit totgeschwiegen werden – für Themen wie: die Verdrängung der Grenzen menschlicher Existenz, der Umgang mit der Schuldfrage, das Vergessen der Opfer der Geschichte, die Ausblendung der Interessen der zukünftigen Generationen...
Ein besonderes Anliegen der Seelsorge muß in diesem Zusammenhang – und das ist der zweite Aspekt – der Protest gegen den impliziten oder expliziten Ausschluß bestimmter *sozialer Gruppen* aus der Öffentlichkeit sein. Seelsorge tritt aktiv für Kommunikationsgerechtigkeit ein, wenn sie sich als „Stimme der Sprachlosen" versteht, als kommunikations- und medienpolitische Interessenvertretung gesellschaftlicher Randgruppen in einer Öffentlichkeit, die scheinbar nur noch über den Verteilungskampf einflußreicher und ökonomisch potenter Lobbyisten funktioniert. Politische Seelsorge impliziert das Engagement für einen chancengleichen Zugang zur Öffentlichkeit nicht zuletzt auch zugunsten der Gesellschaft selbst, der durch Ausgrenzungsprozesse das kritische Veränderungspotential, das in den Erfahrungen der Leidenden und Opfer der Gesellschaft enthalten ist, verloren geht.
5. Wenn das gesellschaftlich-politische Engagement der Seelsorge nicht in neue Abhängigkeiten führen will, muß Seelsorge es sich zur Aufgabe machen, die (politische) Handlungsfähigkeit des einzelnen zu unterstützen. Der Einsatz für solidarisches Subjektsein schließt die Befähigung zur politischen Vertretung eigener Interessen und zum solidarischen Einsatz für die Interessen anderer ein.
Die Aufgabe der Seelsorge, Anwalt für Stimmlose, Sprachlose

und Ausgegrenzte zu sein, kann *nicht* die Rückkehr zu einer herkömmlichen Betreuungs- und Versorgungspraxis bedeuten, die Menschen zu austauschbaren Objekten irgendwelcher Aktionen macht. Die „feine Differenz von Anvertraut- bzw. Ausgeliefertsein" (Hermann Steinkamp) verdeutlicht diese Spannung zwischen einer entmündigenden Seelsorgepraxis und einem Verständnis von Seelsorge, das auf die Subjektwerdung des anderen Menschen ausgerichtet ist und deshalb von seiner Subjektivität ausgeht. Die Anwaltsfunktion der Seelsorge setzt die Anerkennung auch und gerade des beschädigten Individuums als freies Subjekt aufgrund seiner Anerkennung durch Gott voraus und schließt das Eintreten für seine Subjektwerdung ein.

Die Interessenvertretung für andere kann deshalb nur vorübergehend sein; seelsorgliche Praxis zielt zunächst auf die Befähigung des anderen, seine Bedürfnisse und Rechte selbst zu artikulieren, sich mit anderen zu solidarisieren und für die eigenen Anliegen selbst einzutreten. Es geht deshalb darum, die vorhandenen Kompetenzen des Ratsuchenden wahrzunehmen und seine Kommunikationsfähigkeit zu unterstützen. Dazu gehört unabdingbar die Entwicklung eines Selbstbewußtseins aus dem Glauben, das die eigene Würde und die der anderen als Konsequenz der bedingungslosen Anerkennung jedes einzelnen durch Gott begreift. Dazu gehört aber auch, dem anderen die Freiheit und Verantwortung zuzumuten, die ihm von Gott her zukommt.

Seelsorge in diesem Sinn kann sich auch im gesellschaftlich-politischen Bereich letztlich nur als „Hilfe zur Selbsthilfe" verstehen. Nicht nur aus Gründen der Effektivität ist deshalb eine wesentliche Aufgabe der Seelsorge die Initiierung und Unterstützung von Solidarisierungen und Zusammenschlüssen Betroffener zu Selbsthilfegruppen und Initiativen, die einen Raum für die Artikulation der gemeinsamen Interessen bieten, die Singularisierung durch das Leiden überwinden können und die Durchsetzung gemeinsamer Anliegen selbst organisieren.

6. Zusammenfassung: Die Überwindung der Spaltung zwischen individueller Begleitung und politischer Praxis

Spätestens an dieser Stelle sollte deutlich geworden sein, daß das Plädoyer für eine politische Seelsorge nicht eine Alternative zwischen der *individuellen Begleitung* auf der einen Seite und *politischer Praxis* auf der anderen Seite meint. Politische Seelsorge ist vielmehr *zugleich* Einzelseelsorge, indem sie die kommunikativen und politischen Kompetenzen des einzelnen unterstützt, ihn zur sozialen Verantwortungsübernahme und zur Vertretung eigener und fremder Interessen ermutigt; *und* sie ist gesellschaftspolitisches Handeln, indem sie sozialstrukturelle Probleme als solche wahrnimmt, pathogene gesellschaftliche Tendenzen benennt und gegen ungerechte Bedingungen und Strukturen kämpft. Politische Seelsorge zielt deshalb auf die Überwindung der Trennung zwischen seelsorglichem und gesellschaftlich-politischem Handeln bzw. zwischen Seelsorge und Diakonie.

Valentin Döring

Gemeinsam gestaltete Seelsorge Theologische und spirituelle Not-wendigkeiten

1. Vorbemerkung

Die Auseinandersetzung mit der Frage „Kooperative Pastoral" – eine vordergründig zunächst organisatorische Fragestellung – läßt die Vermutung aufkommen, daß wir eine Situation der Kirche und Seelsorge vorfinden, die neuer Anstrengungen und Überlegungen bedarf. Vielleicht finden wir den tieferen Grund unserer Fragestellung, der es ja wahrlich nicht zuerst um eine Erweiterung kirchlichen Managements geht, in einer Aussage des geistlichen Schriftstellers und Spirituals Johannes Bours, der im Rückblick auf 50 Jahre Priesterleben gesagt hat: „Wenn ich gefragt werde, was in den 50 Jahren mich am tiefsten als Problem berührt und beschäftigt hat, dann werde ich zur Antwort geben: Das war für mich persönlich nicht die Nazizeit und nicht der Krieg, sondern der rapide und fast lautlose Glaubensabbruch in den letzten 20 Jahren."[1] Es bewegt uns also zutiefst die Not, wie wir morgen Kirche sein werden. Damit wird die Frage suggeriert, ob und wieweit wir denn heute noch Kirche seien, ja noch radikaler, wie es denn um unseren Glauben heute stehe, der um seine eigene Zukunft in tiefer Sorge befangen ist.

Im Blick auf die theologischen Argumente und pastoralen Lösungsansätze für die Erneuerung der Kirche und des Glaubens erwarte ich in naher Zukunft keinen „qualitativen Sprung", keine „neuartige Vision", die uns den einzig zukunftsträchtigen Weg weisen würden. Zum einen wird es mehrere Wege geben, die der Herr zusammenführt; zum anderen ist uns die unüberbietbare Vision schon gegeben: die immer neue Menschwerdung Gottes in unserem Leben. Es soll der bedrängenden Frage nach Glaube und Kirche „von morgen" nicht die

[1] Zitiert in : Zur Debatte 23 (1993) Nr. 4, 16.

ihr innewohnende heilsame Unruhe, wohl aber – das möchte ich gleich zu Anfang sagen – ein mitunter spürbar fatalistischer Zug genommen werden, indem wir uns die Dimension des Anfangs und des Endes aller Theologie der Erlösung vor Augen halten: Zuerst und zuletzt ist nicht die Kirche, sondern zuerst sind Gnade und zuletzt das Reich Gottes geschenkt. Kirche versteht sich – in Zeit und Geschichte ausgesetzt, aber von ihrem Herrn eingesetzt – als Heilsgemeinschaft auf dem Weg zwischen Zuerst und Zuletzt. Unter dieser großen Hoffnungsdimension möchte ich ein paar Überlegungen theologischer und geistlicher Art über „Kooperative Pastoral" vorlegen.

2. Was verstehen wir unter „Pastoral"?

Pastoral als „Hirtendienst" stellt jenen Grundauftrag dar, der der Kirche als ganzer anvertraut ist, einfach formulierbar, aber schwer und mühsam in die Tat umzusetzen: das Wort Gottes weitersagen; den Gott der Liebe feiern; dem Menschen in Not helfen. Um den Auftrag der Kirche – heute und morgen – zu kennzeichnen, ist der wieder neu entdeckte Begriff „Communio" hilfreich. Als Ausdruck von Gemeinsamkeit der Glaubenden „in der Gnade unseres Herrn Jesus Christus, in der Liebe Gottes des Vaters und der Gemeinschaft des Heiligen Geistes" umgreift er theologische, soziale und geistliche Wesensmerkmale von Kirche und von Gemeinde, die für jede Generation die unergründliche Tiefe Gottes erlebbar und erahnbar werden lassen.

Die theologischen und geistlichen Kennzeichnungen scheinen auch heute noch kaum besser und prägnanter angebbar als in den drei „göttlichen" Tugenden: Ein Glaube an Gott, der sich aus seiner Wirksamkeit durch die Wüste der verhärteten Herzen Raum bricht; eine Hoffnung in die Barmherzigkeit und Gerechtigkeit Gottes wider alle Hoffnungslosigkeit und Ungerechtigkeit der Welt; eine Liebe zu Gott, die sich auf den Menschen überträgt und gegen allen Anschein am Besseren im Menschen festhält. Communio, der Lebensstrom der Pastoral, „entsteht nicht von unten; sie ist Geschenk und Gnade, nicht nur je einzelne, sondern gemeinsame Teilhabe an der einen Wahrheit ... Diese so gegebene Gemeinschaft mit Gott (Communio) führt zur Gemeinschaft der Christen untereinander (Communicatio). Communio ist ein altkirchlicher Begriff, der die Einheit der Gemeinschaft, das heißt der Ortskirchen, in Gott meint. Dadurch erst wird legitime Vielfalt möglich ohne Desintegration."[2]

Eine Pastoral, die vom Communio-Gedanken geprägt ist – also Gottes und des Menschen Wirksamkeit in eins sieht –, sucht nach Leitbildern, die in der unüberschaubaren Vielfalt modernen menschlichen Lebens Orientierungsmarken darstellen können: In einer freiheitlich-pluralen Gesellschaft müssen die Kirche, die Christen, sich auf dem Markt der Weltanschauungen einbringen und das Ihre sagen. Drei Bilder können die Situation und Aufgabe der Kirche und unserer Gesellschaft verdeutlichen: Leuchtturm, Oase und Gasthaus. Sie markieren eine Sicht der Pastoral, die sich von der herkömmlichen unterscheidet, die meint, alle seelsorglichen Tätigkeiten für alle Christen eines bestimmten Gebietes anbieten und aufrechterhalten zu müssen. Eine solche „flächendeckende" – ein unglücklich anmutendes Wort im Zusammenhang mit Seelsorge – Pastoral ist heute nicht mehr praktizierbar, sie überfordert die vorhandenen Kräfte. Zudem: Dieses Bemühen geht von gleichen „Christenrechten" hinsichtlich der „Dienst-Leistungen" der Kirche aus. Zudem setzt diese „verteilende" Gerechtigkeit gleiche Gegebenheiten, Möglichkeiten und Bedürfnisse der Pfarreien und Gläubigen voraus. Entspricht dies der Wirklichkeit? Mit den Bildern vom Leuchtturm, von der Oase oder dem Gasthaus nimmt die Kirche ihre Diasporasituation an. Der Leuchtturm gibt unentwegt verläßliche Signale, er leuchtet all denen, die Orientierung suchen. Die Signale, die die Kirche gibt, garantieren nicht den heilen Lebensweg des Christen, aber sie helfen, Richtung zu finden. In der Oase kommen Menschen zur Ruhe und finden neue Kraft. Gläubige treffen sich, um miteinander „Wasser des Lebens" zu trinken und sich zu stärken, aber auch, um „Wasser des Lebens" zu schöpfen und anderen anzubieten. Oasen sind Begegnungsstellen, an denen man auch

[2] Kasper, W.: Kirche als Communio. In: Zur Debatte 16 (1986) Nr. 1, 3f.

Reisende aus ganz anderen Zonen trifft. Die Gemeinden und Gemeinschaften der Kirche dürfen auf Außenstehende nicht wie geschlossene Gesellschaften wirken, zu denen nur Mitglieder Zutritt haben, sondern wie Gaststätten, die für jeden offenstehen.[3]

Will Pastoral ihre Funktion im Sinne des Leuchtturms, einer Oase oder einer Gaststätte in einem geistlich-theologischen Sinn wahrnehmen, muß ihr Selbstverständnis und Handeln von Merkmalen geprägt sein, die sie in ihren Absichten, Inhalten und Wirkformen bestimmen. Ohne diese Dimensionen verliert Pastoral ihre Identität.

Die Grundstruktur ist die christologische, also gott-menschliche Dimension jeglichen Heilsdienstes. Sie kann somit den folgenden nicht gleichgeordnet werden. Ihre Aussage lautet: Christus selbst ist im absoluten Verständnis Weg und Ziel der Seelsorge. Aus diesem Ansatz theologischen und gläubigen Denkens und Lebens erwachsen:

- die ekklesiale Struktur: Die Kirche ist nicht nur eine historisch und soziologisch beschreibbare Größe, sondern sie vermittelt als „Geheimnis" von Gott her dem Menschen Heil.
- die eschatologische Struktur: Das Heil des Menschen ist in dieser Zeit und in dieser Geschichte nicht endgültig wirkbar, sondern es steht am Ende der Zeiten an.
- die kosmische Struktur: Seelsorge ist Teilhabe am schöpferischen Wirken Gottes im Blick auf die Neuwerdung des Menschen.
- die personale Struktur: Seelsorge spricht den je einzelnen Menschen als Personen Heil zu.
- die pneumatische Struktur: Der Geist Gottes führt zur Wahrheit, die der Mensch in Liebe zu tun gerufen ist.

In den vorliegenden Überlegungen wird nicht deutlich zwischen „Pastoral" und „Seelsorge" unterschieden. Dies ist in diesem Zusammenhang auch nicht notwendig, da beide Vollzüge in gleicher Weise die Glaubens- und Lebenssituation von Menschen ansprechen, um die es bei theologischen Anmerkungen zur „Kooperativen Pastoral" geht. Jede Pastoral/Seelsorge muß

[3] Vgl.: Diözesanpastoralrat im Erzbistum Köln (Hg.): Anstöße zum Pastoralgespräch im Erzbistum Köln, 1993, 43f.

sich in dialogischem Selbstverständnis gestalten. Merkmale einer dialogischen Pastoral sind nach Weihbischof Paul Wehrle:
a) Eine dialogische Pastoral wird geistlich geprägt sein. So unverzichtbar Umfrageergebnisse, Meinungstendenzen und Ursachenanalysen sind, wir dürfen daraus nicht – wie oft versucht und auch immer wieder geschehen – die Maximen und den Raster für pastorales Handeln ableiten. Pastoral muß weniger ‚Analyse-gläubig' und dafür ‚geistlicher' werden.
b) Eine dialogische Pastoral wird ferner gelebtes Zeugnis sein, gelebte Antwort und Anruf zugleich aus der Botschaft vom angebrochenen Reich Gottes heraus. Unser pastorales Handeln ist nicht selten zu kirchenzentriert und damit oft auch kirchenfixiert (und dann schnell verwaltend). Es geht im pastoralen Handeln jedoch nicht um die Kirche als solche; die Kirche ist Zeichen und Sakrament für den in Jesus Christus geschehenen Anbruch des Reiches Gottes. Wir müssen es neu erlernen, in der Vielfalt unseres pastoralen Mühens die eine Frage Jesu wie eine Leitfrage durchklingen zu lassen: Ob wir nämlich in all unserem Tun zuerst Gott und sein Reich (und nicht dies oder jenes zuerst) suchen (vgl. Mt. 6,33).
c) Schließlich ist eine dialogische Pastoral davon geprägt, heutig und situativ zu sein und weniger umfassend und sodann nolens volens auch allgemein."[4]
Kardinal Joachim Meisner drückt diesen Sachverhalt – gleichsam in einer Kurzformel – so aus:
1. Der Glaube kommt vom Hören (Röm 10,17)
2. Wir reden in Christus, vor dem Angesicht Gottes (2 Kor 12,19)
3. Das Wort muß „wirkmächtig" werden (Jak 1,22)[5]
Das Verständnis von Kirche stellt in der Tat den Angelpunkt unserer Überlegungen dar, wie Pastoral zu formulieren sei und welche strukturellen Konsequenzen sich daraus ergeben. Hierbei ist deutlich zu sehen, daß die Veränderungen, die sich innerhalb der Kirche abspielen, von schwerwiegender Art sind. Das Zentralkomitee der deutschen Katholiken spricht dies in

[4] Wehrle, P.: Dialogische Kirche. In: Erzbistum Freiburg. Informationen, Heft 3, 1990, 3f.
[5] Joachim Kardinal Meisner: Fastenhirtenbrief 1993, 5f.

Direktheit aus, wenn es formuliert, es gelte Abschied zu nehmen vom Klerikalismus, da sich Laien zu Wort melden; es gelte Abschied zu nehmen vom Patriarchat, da sich Frauen zu Wort melden; es gelte Abschied zu nehmen vom Zentralismus, da sich Pfarrgemeinden zu Wort melden.[6] Hier ist eine Entwicklung durch das II. Vatikanische Konzil angestoßen worden, die „inzwischen ... über das Konzil hinausgegangen und zu stark soziologisch und demokratisch bestimmten Modellen von der Kirche gelangt. An die Stelle des ‚fortlebenden Christus' trat Bruderschaft der sich um Christus Scharenden, an die Stelle der immer noch hierarchisch gegliederten Gemeinschaft des Volkes Gottes die selbständige Gemeinde, welche die Ämter als Funktionen verteilt. Ein entscheidendes Merkmal dieser Umstrukturierung des Kirchenbildes liegt auch darin, daß der Theologie und den Theologen und Theologinnen ein eigenes und förmliches Lehramt zugedacht wird, den Bischöfen und dem Papst dagegen nur ein sogenanntes Leitungsamt, das vorzugsweise in einer geistlich-pastoralen Führung bestehen sollte."[7] Ohne auf die hier nur angedeuteten Probleme von Kirchen(miß)verständnis eingehen zu können, scheint mir im Sinne dialogischer Pastoral wichtig: Die Frage besteht nicht nur darin, vom „Klerikalismus" Abschied zu nehmen, sondern auch darin, ob sich ein „Laizismus" bildet; sie besteht nicht nur darin, vom „Patriarchat" Abschied zu nehmen, sondern zu sehen, inwieweit sich ein „Matriarchat" bildet; sie besteht nicht nur darin, vom „Zentralismus" Abschied zu nehmen, sondern inwiefern sich „Kleinstzentren" verabsolutieren.

Somit gilt es, eine Theologie von Kirche zu entwickeln, die bestimmte Grunddaten festhält und daraus konsequent die entsprechenden strukturellen Veränderungen ableitet.

Drei Grunddaten seien genannt:

1.) Kirche ist eine lebendige Einheit. Dafür verwendet die Schrift viele Bilder. Die Definition der „Einheit" der Kirche ist schwierig, wenn gar fast unmöglich. Aber ihr Einheitsgrund

[6] Vgl. das Dialogpapier des Zentralkomitees der deutschen Katholiken von 1992.

[7] Scheffczyk, L.: Nachkonziliare Kritik an den Krisenerscheinungen in der Kirche – ein Grund zur Spaltung? Rede vor der Katholischen Akademie in Bayern am 24.Oktober 1976, Textausgabe 11f.

ist benennbar: Der dreieine Gott. Daher kann sie sich weder von ihren Mitgliedern noch vom Weihepriestertum her ausschließlich verstehen und definieren. Vielmehr versteht sie sich von Leben, Leiden und Auferstehung Jesu Christi her, an dessen Vollmacht und Sendung jeder und jede in der Kirche auf seine/ihre Weise Anteil hat.[8]

2.) Kirche hat, unbeschadet ihrer Vielgestaltigkeit, nur eine einzige Aufgabe und Sendung. Somit verwirklicht sie insgesamt den Heils- und Weltauftrag, zwei Perspektiven ein und desselben Auftrages.[9] Bei aller sinnvollen Aufteilung von Aufgaben ist es untheologisch, den Heils- und Weltdienst jeweils gesondert den Priestern und Laien zuzuordnen. Dies wurde und wird auch nicht so gehandhabt (vgl. Priester als Caritas-Direktoren; Laien als Wortgottesdienstleiter).

3.) Kirche ist bei aller Einheit ein strukturiertes Ganzes, ein gegliederter Organismus, in dem es Mitglieder mit unterschiedlichen Aufgaben, Diensten und Ämtern gibt.[10] Die Einheit stiftende und unüberbietbare Kraft der Kirche liegt in der Eucharistie.

Daraus ergibt sich unter anderem:

1.) Die Kirche als Communio bedarf, soweit sie „im Kontext der modernen demokratischen Welt lebt", einer „größtmöglichen ‚Demokratisierung' ihrer Struktur, ohne daß sie allerdings ‚theologisch einen fundamentalen Strukturwandel oder einen radikalen Identitätsverlust erleiden darf'."[11] Viele Menschen nehmen die Ungleichzeitigkeit von ihnen eingeräumter demokratischer Mitwirkung in der Gesellschaft und eingeschränkter Mitverantwortung in der Kirche nicht mehr an und ziehen sich zurück. „Die Theologie des Volkes Gottes schließt somit eine Sicht der Kirche aus, in der das Amt oder einige Amtsträger für die Kirche sprechen und entscheiden und die Nicht-Amtsträger hören und gehorchen."[12]

[8] Vgl. hierzu Lumen gentium 21; Presbyterorum Ordinis 26,21; Lumen gentium 30; Apostolicam actuositatem 29; Perfectae Caritatis 1.

[9] Vgl. dazu Lumen gentium 41; Apostolicam actuositatem 2.

[10] Vgl. Lumen gentium 10.

[11] Bischof Karl Lehmann, zitiert in: Bischöfliches Generalvikariat Trier (Hg.): Kooperative Pastoral in Seelsorgeeinheit und Pfarrverband, 1993, 13.

[12] Neuner, P., zitiert in: Bischöfliches Generalvikariat Trier (Hg.), a.a.O. 9.

2.) „Die Bestimmung der Kirche als Mysterium/Sakrament ist von großer struktureller Relevanz. Sie fordert nämlich, daß die sichtbare Gestalt und Gestaltung der Kirche ihrem Grund- und Lebensprinzip, dem Geheimnis des Dreifaltigen Gottes … entspricht.“[13]

Angesichts der menschlichen Begrenztheit sei hier ein Wort von Albert Görres zitiert, das ich für bedenkenswert halte unter der Rücksicht der Realitätsauffassung von Kirche und Menschen in der Kirche und im Blick auf die trostvolle Tatsache, daß Kirche „im Letzten“ nicht durch sich selbst zusammengehalten wird: „Die Kirche ist, wie die Sonne, für alle da. Für Gerechte und Ungerechte, für Sympathische und Unsympathische, Dumme und Gescheite, für Sentimentale ebenso wie Unterkühlte, für Neurotiker, Psychopathen, Sonderlinge, für Heuchler und solche wie Nataniel, ‚an denen kein Falsch ist‘ (Joh 1,47); für Feiglinge und Helden, Großherzige und Kleinliche, für zwanghafte Legalisten, hysterisch Verwahrloste, Infantile, Süchtige und Perverse, auch für kopf- und herzlose Bürokraten, für Fanatiker und auch für eine Minderheit von Gesunden, Ausgeglichenen, Reifen, seelisch und geistig Begabten, liebesfähigen Naturen. Die lange Liste ist nötig, um klarzumachen, was man eigentlich von einer Kirche, die aus allen Menschensorten ohne Ansehen der Person, von den Gassen und Zäunen wie wahllos zusammengerufen ist und deren Führungspersonal aus diesem bunten Vorrat stammt, erwarten kann – wenn nicht ständig Wunder der Verzauberung stattfinden, die uns niemand versprochen hat.“[14]

3. Was verstehen wir unter „Kooperativer Pastoral“?

Die Veränderungen in Kirche und Gesellschaft nötigen uns dazu, die bisher immer schon geübte, wenn auch nicht organisatorisch geplante und einvernehmlich durchstrukturierte kooperative Pastoral ins Auge zu fassen, wie auch die vorhin ge-

[13] Pottmeyer, H.J., zitiert in: Bischöfliches Generalvikariat Trier (Hg.), a.a.O. 6.

[14] Görres, A., zitiert in: Bischöfliches Generalvikariat Trier (Hg.), a.a.O. 15.

nannten grundlegenden Aussagen des Selbstverständnisses von Kirche und Gemeinde eine veränderte Sicht der Handlungsfelder und Handlungsformen in der Seelsorge aufnötigen. „Unsere Zeit hat ein geschärftes demokratisches Bewußtsein und vielfältige Formen partnerschaftlichen Zusammenwirkens entwickelt. Immer mehr wächst in der ganzen Welt der Sinn für Autonomie und zugleich für Verantwortlichkeit, was ohne Zweifel für die geistliche und sittliche Reifung der Menschheit von größter Bedeutung ist".[15] All dies dient auch dem Aufbau, Leben und Wirken der Kirche. Die Gaben, die der Heilige Geist zum Nutzen der Kirche schenkt, wecken die großmütige Bereitschaft der Gläubigen, Wissen und Können, Zeit und Kraft in den Dienst der Kirche zu stellen."[16]
Hinzu kommt, daß der Glaube in unserem Land inmitten einer säkularen Gesellschaft gelebt werden muß. „Diese Säkularisierung geht von einem autonomen Freiheitsverständnis des Menschen aus und redet von Selbstbestimmung und Selbstverwirklichung und läßt Gott, Kirche, Gebot und Gebet, Gottesdienst und Anbetung nicht mehr als wesentliche Hilfe oder wesentliche Vollzüge des menschlichen Lebens gelten."[17] Mit diesen Worten weist A. Albrecht auf den gefährlichen Prozeß hin, der aus der Veränderung emanzipatorischen Denkens hin zu autonomem Denken entsteht.
Mit der Tatsache, daß Kirche und Glaube, wenn auch noch nicht statistisch, so doch in der inneren Akzeptanz vieler Menschen in unserem Land, vielleicht in unserer mitteleuropäischen Region, eine Minderheit repräsentieren, sind wir noch nicht hinreichend vertraut. „Mit diesem Bewußtsein, eine Minderheit zu sein, müssen viele erst fertig werden ... Das Problem ist mitten unter uns."[18]
Somit müssen wir uns offen und ehrlich fragen: „Wollen wir in

[15] Vgl. hierzu Gaudium et spes 55.
[16] Bischöfliches Ordinariat der Diözese Augsburg (Hg.): Pastoralplan für die Diözese Augsburg mit Schwerpunktplan, 1976, 9.
[17] Albrecht, A.: Glaube in einer veränderten Situation. Referat bei der Vollversammlung des Pastoralrates im Erzbistum Bamberg am 29. 10. 1992, maschinenschriftlich, 5.
[18] Wort des Erzbischofs von Bamberg an die Priester zum Otto-Tag: Zur Situation im Erzbistum Bamberg, 30. September 1991, maschinenschriftlich, 7.

einer Art Notstandsbewältigung noch Bestehendes in das nächste Jahrtausend retten, in der Hoffnung, daß die jetzige Situation eine vorübergehende ist? Wollen wir den Mangel mit einer eher rechnerisch ermittelten, verteilenden Gerechtigkeit verwalten? „Geht es um eine gleichmäßige Versorgung – ‚Mangelverwaltung' – in der jetzigen Situation? Oder: Wollen wir den Aufbau und den Erhalt der Gemeinden mit den Mitteln und Möglichkeiten fördern, die uns der Auftrag Jesu Christi, das Neue Testament und die Geschichte der Kirche aufzeigen? Bei diesen Fragestellungen handelt es sich natürlich nicht um eine Alternative, die die jeweils andere Position radikal ausschließt, sondern um einen jeweils anderen Ansatz, der andere Aussagen zur Folge hat: Begründen wir unser Handeln mehr aus einem soziologischen und organisatorisch-strukturellen Kontext oder aus theologisch-pastoralen Einsichten in die Botschaft Jesu Christi?"[19]

Somit sind wir bei der theologischen Zentralfrage kooperativer Pastoral angelangt: „Kooperative Pastoral will die seelsorglichen Fragen und Probleme nicht auf rein organisatorische Weise angehen, wenngleich sie als Handlungsprinzip organisatorische, institutionalisierende Elemente enthält. Sie steht und fällt jedoch mit der Anerkennung der fundamentalen Gleichheit aller Getauften."[20] Das ist die Grundlage kooperativer Pastoral. „Kooperative Pastoral bewegt sich im theologischen Spannungsfeld von gemeinsamem und besonderem Priestertum, von Charisma und Amt, von synodaler und hierarchischer Struktur, im Spannungsfeld einer Kirche der Heiligen und der Sünder zugleich. In all diesen Spannungsfeldern ist die Frage nach der Stellung der Laien in der Kirche allgegenwärtig."[21]

Hier gilt festzuhalten: Laienapostolat ist nicht zuerst „Teilnahme der Laien am hierarchischen Apostolat" oder Funktion als „verlängerter Arm der Bischöfe", sondern „Teilnahme an der Heilssendung der Kirche selbst."[22] Daraus folgt „eine wahre

[19] Überlegungen der Hauptabteilung Seelsorge Bamberg: Wie geht es in den Gemeinden weiter? 1992.
[20] Vgl. Lumen gentium 32.
[21] Bischöfliches Generalvikariat Trier (Hg.), a.a.O. 3.
[22] Vgl. Lumen gentium 33.

Gleichheit in der allen Gläubigen gemeinsamen Würde und Tätigkeit zum Aufbau des Leibes Christi".[23] Die Teilnahme am Apostolat der Hierarchie in ausdrücklicher Beauftragung ist damit nicht ausgeschlossen, doch gibt es kein Laienapostolat höherer oder niederer Ordnung zwischen denen, die hauptamtlich am hierarchischen Apostolat teilnehmen, und jenen, die zum allgemeinen Apostolat ohne amtliche Beauftragung und Anstellung gerufen sind. Letzteres ist der originäre Auftrag und hat in diesem Sinn sogar Vorrang.

Eine Umschreibung von pastoraler Kooperation geht somit in folgende Richtung: „Das gemeinsame Priestertum aller Gläubigen begründet die gemeinsame Verantwortung aller für die Kirche. Sie wird genährt aus den unterschiedlichen Charismen; sie bildet sich aus den verschiedenen Diensten und Ämtern; sie läßt sich heute in kooperativen Formen der Pastoral realisieren. Kooperation in der Seelsorge meint die partnerschaftliche, vertrauensvolle und strukturierte Zusammenarbeit von Hauptamtlichen untereinander, von Amtsträgern und Laien miteinander, von Gruppen und Gremien innerhalb einer Gemeinde und von Gemeinden miteinander … Mit zunehmender Umsetzung einer kooperativen Pastoral wird es notwendig sein, das Spezifische hauptamtlicher Seelsorger und Seelsorgerinnen neu zu umschreiben."[24]

Ich möchte nicht verschweigen, daß die Kirche in Deutschland sich in die Gesellschaft weitestgehend integriert und Strukturen entwickelt hat, die den politischen und gesellschaftlichen Gegebenheiten angepaßt oder nachgebildet sind. Sie ist somit in Gefahr, den biblisch-theologischen Ansatz ihres Amts- und Selbstverständnisses in einzelnen Strukturelementen nicht deutlich genug zu sehen.

[23] Vgl. Lumen gentium 32.

[24] Diözesanpastoralrat im Erzbistum Köln (Hg.): Anstöße zum Pastoralgespräch im Erzbistum Köln, 1993, 54; 56.

4. Wie gelingt „Kooperative Pastoral"?

Im folgenden sollen einige Bedingungen für das Gelingen kooperativer Pastoral aufgezeigt werden. Hierbei handelt es sich vornehmlich um Kooperation im Bereich pfarrlich verstandener Pastoral. Dies ist unsere derzeitig vorrangige Fragestellung, wenn auch immer mehr einsichtig wird, daß kooperative Pastoral unbedingt der Zusammenarbeit mit den unterschiedlichsten kategorialen seelsorglichen Diensten und Einrichtungen bedarf. Dies ist um der möglichen Effizienz der Pastoral insgesamt zu fordern, aber auch unter der Rücksicht der Erfahrung der „einen Pastoral" der Kirche in der Gemeinde: „Die organisatorische und sachliche Unverbundenheit der Grundfunktionen kirchlichen Handelns – Diakonie, Liturgie, Martyria – und ihrer Repräsentanten in Caritas, Gemeinde, Schule bzw. Sonderseelsorge verstärkt trotz der großen Bandbreite kirchlichen Handelns in der Wahrnehmung den Eindruck einer defizitären Pastoral."[25]

Bei aller unbestrittenen Berechtigung und Notwendigkeit der Pfarrei als territoriale und juristische Größe darf diese jedoch nicht statisch fixiert verstanden werden. Auch andere kirchliche Verantwortungen und Differenzierungen in der Seelsorge um der Menschen willen könnten dadurch erschwert werden. Eine „Lebensraum-orientierte Pastoral" hat sowohl die Pfarrei, ihre pfarrlichen Untergliederungen wie auch pfarrübergreifende Lebenswirklichkeiten der Menschen zu berücksichtigen. Die unterschiedlichen Lebensräume der Menschen (Berufswelt, Freizeitwelt, Wohnortwelt, Fortbildungswelt) werden in Zukunft für strukturelle Gliederungen der Pastoral immer bedeutsamer werden.

Somit muß kooperative Pastoral die wirkliche Not entdecken und Formen gemeinsamer Hilfeleistung entwickeln, die Eigenarten und Fähigkeiten aller Beteiligten erkennen, aufgreifen und fördern, um zu gemeinsamer Bewältigung der jeweils anstehenden Notlage bzw. Anfrage zu finden, das Augenmaß für

[25] Pastorale Perspektiven zu Gemeindetheologie, Gemeindeaufbau, Gemeindeleitung des Bischöflichen Ordinariats Mainz/Seelsorgeamt, vom 25. 11. 1991, 1.1.7.

die eigenen Möglichkeiten bewahren, in allem Tun und Reden keine Übererwartungen wecken, die zu Enttäuschungen führen.

Menschliche Voraussetzungen für eine gelingende kooperative Pastoral sind bei den Beteiligten zu wecken und zu fördern. Hierbei sind unter anderem zu nennen:

- einen eigenen Standort einnehmen, ohne Verabsolutierungen in pastoralen Fragen zu formulieren;
- die Bereitschaft zum Austausch haben, ohne Vereinnahmungstendenzen zu besitzen;
- den Willen zur Verantwortungsübernahme ausbilden, ohne Alleinverantwortungsanspruch auftreten zu lassen;
- immer wieder die gemeinsame Grundlage finden, ohne Unterschiede, die das Wesentliche berühren, aufzuheben;
- die Fähigkeit zur Organisation ausbilden, ohne der Verführung zur Verplanung zu erliegen;
- die Bereitschaft zu gemeinsamer Verantwortung aufbringen, ohne die Eigenverantwortung aufzuheben;
- um Zusammenfinden in gemeinsamen geistlichen und gottesdienstlichen Vollzügen bemüht sein, ohne dem religiösen Empfinden anderer zu nahe zu treten;
- regelmäßig Besprechungen abhalten, ohne die Zeit in permanentem „Gerede" zu vertun;
- die Bereitschaft zur Geduld stärken, damit alle mitgehen können, ohne sich durch die Häresie des „Ausdiskutierens" handlungsunfähig zu machen;
- die Suche nach der Mitte des Glaubens und Lebens immer wieder aufnehmen, ohne die vielen „Randphänomene des Alltags" zu übersehen.

Im Blick auf die Mitarbeiterinnen und Mitarbeiter ergeben sich wichtige Elemente des Verhaltens, die in ihrer jeweiligen Annahme und Verwirklichung eines geistlichen Grundverständnisses bedürfen und selbst geistliche Akte sein können. Solche sind unter anderem:

- Mitarbeiter/Mitarbeiterinnen in die Planung und Entscheidungsfindung sowie Entscheidung je anteilig einbeziehen;
- Ziele offenlegen, verständlich mitteilen und klären, konkrete Schritte vereinbaren;
- Informationen sammeln, sichten und werten, Informationen und Erfahrungen weitergeben bzw. austauschen;

- Kontakte auf der fachlichen und – mit vorsichtigem Gespür – persönlichen Ebene suchen;
- Konfliktfähigkeit und Konfliktbewältigung als Kräfte der sachlichen Auseinandersetzung stärken;
- gegenseitiges Vertrauen durch vertrauensbildende Maßnahmen entwickeln;
- Eigeninitiativen nicht nur zulassen, sondern anregen;
- die kooperative Leitung auf ein gemeinsames Ziel hin beeinflussen;
- Subsidiarität wahren.

Aus den vorausgehenden Überlegungen ließe sich ein kleiner Defizitkatalog namhaft machen:

- den Sinn einer Veranstaltung nicht besprechen;
- keine Erfahrung austauschen, ähnliche Veranstaltungen nicht in die Überlegungen einbeziehen;
- die Vorstellungen der Beteiligten nicht anhören, ihre Zielplanungen nicht zu Wort kommen lassen;
- Denkformen und Einstellungen der Beteiligten nicht anfragen;
- ungenügende Informationen geben, um „Wissen als Macht" für sich zu behalten;
- alle Aufgaben in Alleinverantwortung leisten und das Prinzip der Subsidiarität und das der Solidarität außer acht lassen.[26]

Hingewiesen sei hier unter theologischem und geistlichem Gesichtspunkt auf die außerordentlich schwierige Fragestellung kooperativer Pastoral im Bereich der Verkündigung. Der Zusammenhang von Einheit und Vielheit wird immer wieder zu außerordentlichen Spannungen und Klärungsbemühungen führen: Es geht um nicht weniger als um den einen Glauben in vielen Theologien, um die eine Kirche in vielen Gemeinden und Gemeinschaften, den einen Herrn und die vielen Weisungen und Aufträge, die eine Wahrheit und die vielen Meinungen und Anschauungen, die eine Hoffnung und die vielen kleinen Hoff-

[26] Vgl. Fölling, M. u. Will, H.: Zusammenarbeit in der Seelsorge. In: Informationen für Mitarbeiter in den Gemeinden in Berlin (West), Nr. 24, April 1990, 30.

nungsschritte, die eine Liebe und die vielen Gestaltformen und Vollzüge menschlicher Zuwendung.

Ebenfalls wird kooperative Pastoral im Bereich des Gottesdienstes im Blick auf theologische Grundlegung und gültige rechtliche und pastorale Normen und Weisungen zu dauernden Klärungsbemühungen führen. Unter dieser Rücksicht mögen drei Gedanken angemerkt werden:

- Es geht tatsächlich darum, die von der Kirche vorgegebenen Richtlinien und Empfehlungen für liturgisches Handeln der haupt- und ehrenamtlichen Mitarbeiterinnen und Mitarbeiter genau zu kennen, sie nach ihrem Sinngehalt zu befragen und – wenn auch bei weitestmöglicher Deutung – einzuhalten. Liturgie als Ganzes ist der Kirche anvertraut und nicht vorrangig oder gar ausschließlich dem einzelnen Mitarbeiter oder der jeweiligen Mitarbeiterin.
- Zu beachten ist, um ein Wort von Max Scheler aufzugreifen, die unterschiedliche persönliche „religiöse Musikalität" des Menschen. Pastorale Kooperation im Gottesdienstbereich wird die Eigenarten der Menschen weitestgehend respektieren und zugleich bemüht sein, eine „durchschnittliche Mittellage" religiöser Ausdrucksformen zu finden, die auf Dauer tragfähig ist. Damit ist die „intensive liturgische Ausdrucksgestalt" nicht verunmöglicht, sie wird aber ihren geeigneten pastoralen Ort haben müssen.
- Die Berufsbilder der pastoralen Dienste, der ständigen Diakone sowie Gemeindereferentinnen/Gemeindereferenten und der Pastoralreferentinnen/Pastoralreferenten unterscheiden sich von dem des Priesters. Wenn alle auch vom einen Geist getragen und geprägt werden, so finden sie doch in ihrer alltäglichen und sonntäglichen Ausdrucksgestalt unterschiedliche Formen. Kooperation wehrt falschen Erwartungen und wahrt gerechtfertigte Eigenprägungen.

Ein in der Gegenwart besonders heftig diskutiertes Feld ist die pastorale Kooperation im Bereich der Diakonie, verstanden als „Diakonie der Gemeinde". Diakonie gehört gegenwärtig zu jenen Feldern kirchlichen Handelns, die innerkirchlich wie auch in besonderer Weise durch die Gesellschaft als ein wesentliches Kriterium ihrer Glaubwürdigkeit angesehen werden. Die pastoralen Dienste der Frauen und Männer, die sich in den letzten Jahrzehnten gebildet haben, bieten teils hervorragende Ansatzpunkte menschlicher und fachlicher Art, sich der Frage nach der Pastoral und Verbindung mit der Diakonie innerhalb eines Kooperationsmodelles zu stellen.

5. Schlußbemerkungen

Pastorale Zusammenarbeit ist nicht nur Ausdruck von Organisationswille und -befähigung, sondern mindestens in eben demselben Maß bereits ein theologisch zu wertender Vorgang: In der Zusammenarbeit begegnen Menschen einander und vermögen füreinander Brücke zur Gotteserfahrung zu sein. Unter dieser Rücksicht betreiben wir mit pastoraler Kooperation nicht nur ein Planspiel, sondern stehen bereits mitten in unserem Auftrag als Christinnen und Christen.

Ulrich Moser

Heilszeichen für die Welt
Chancen der Kategorialseelsorge im Alten-(pflege)heim

Nach der Kirchenkonstitution des II. Vatikanischen Konzils besteht der Grundauftrag der Kirche darin, „Heilszeichen für die Welt“ zu sein. Die Konkretion dieses Anspruches ist wesentliche Aufgabe der Pastoral. Wie kann die konkrete Umsetzung eines solchen Anspruches gelingen?
In seiner „Pastoraltheologie“ hat Josef Müller einen Ansatz vorgelegt, der helfen kann, konkrete Antworten auf diese Frage zu finden.[1] Dabei kann es keine eindimensionale Antwort darauf geben, wie die Pastoral der Kirche dem obengenannten Grundauftrag entsprechen kann. Es bedarf einer Vielzahl von Antworten, die einander ergänzen und nicht ausschließen. Im folgenden Beitrag geht es um die kategoriale Ausrichtung der Seelsorge am Beispiel der *Altenheimseelsorge*. Unter Seelsorge werden die „im Bund Gottes gründenden helfenden und heilenden Beziehungen verstanden. Damit geht es um jene Vollzüge im kirchlichen Handeln, die einzelnen und bestimmten Gruppen in Ereignissen und Krisen des Lebens Begleitung anbieten, wobei jeweils der gesamte Lebenszusammenhang beachtet werden muß, und um die Träger der Seelsorge.“[2] Mit der Betonung der Einzelseelsorge an diesem Beispiel soll nicht einer weitverbreiteten Individualisierung auch im Bereich der Seelsorge das Wort geredet werden. Aber die Entscheidung für oder gegen eine bestimmte Ausrichtung seelsorglichen Engagements sollte von der Wahrnehmung der Situation her getroffen werden (Kairos) und nicht von konzeptionellen Vorentscheidungen.

[1] Müller, J.: Pastoraltheologie. Ein Handbuch für Studium und Seelsorge. Graz-Wien-Köln 1993.
[2] Ebd. 16.

1. Lebensbezogene Seelsorge

Josef Müller weist immer wieder darauf hin, welch große Bedeutung der *unvoreingenommenen Wahrnehmung* in der pastoralen Praxis zukommt. „Aufgabe der Pastoral ist das Entdecken und die Wahrnehmung der Lebenswirklichkeit.“[3] Er spricht geradezu von einer „Pastoral der Wahrnehmung“[4], in der es zum einen um ein realistisches Anschauen und Annehmen der konkreten Gegebenheiten geht. Darüber hinaus fordert er eine „Spiritualität des Sehens und Wahrnehmens“. Damit ist die Offenheit für das gemeint, was über das Sichtbare, Vordergründige hinausgeht, gleichsam eine vertiefte Wahrnehmung, in der es um das ganze, das „ungeteilte“ Leben geht. Zur Wahrnehmung gehört auch die Bereitschaft, die in der jeweiligen Situation liegenden Herausforderungen aufzugreifen – den „Kairos“ zu erkennen. Maßstab des Christlichen ist dabei das Sich-Hineinbegeben in die persönliche Situation des Schwachen und Bedürftigen. „Dazu gehört die Sorge um jene stille, verborgene Not, die von niemand wahrgenommen wird, auch die Sorge um jene, um die sich niemand kümmert oder kümmern kann.“[5]

Eine besondere Bedeutung sieht Müller für die Seelsorge in der *Begleitung menschlicher Lebensgeschichten,* um Orientierung zu vermitteln, z.B. in der Konfrontation mit Schuld, Leid und Tod. „Wer in Lebensgeschichten hineinzuhören vermag und sie ernstnimmt – das gehört als grundlegendes Element zur lebensorientierten und lebensbezogenen Pastoral –, stellt fest, wie differenziert eine annehmende Seelsorge auf die ganze Lebenswirklichkeit einzugehen hat.“[6] Der Zusammenhang von Leben und Glauben wird von daher auf dem Hintergrund persönlicher Erfahrungen gesehen und gedeutet. Glaube kann nur vermittelt werden durch Menschen, die ihr eigenes Leben aus dem Glauben beispielgebend gestalten. Daraus ergeben sich unmittelbar Konsequenzen für die Persönlichkeit des Seelsor-

[3] Ebd. 24.
[4] Ebd. 94.
[5] Ebd. 129.
[6] Ebd. 27.

gers und der Seelsorgerin: Sie müssen mit ihrer eigenen Lebens- und Glaubensgeschichte vertraut sein, in ihr die Erfahrungen des Glaubens erkennen und die Fähigkeit haben, anderen davon mitzuteilen.

Wie sieht eine Begleitung aus, die dem Anspruch, „Heilszeichen für die Welt" zu sein, entspricht? Müller verweist in seinem Buch auf die *„Stufen des Glaubens"*, von denen Papst Paul VI. in seinem Apostolischen Schreiben „Evangelii Nuntiandi" spricht. Sie bilden die Grundlage einer pastoralen Spiritualität, auf deren Hintergrund seelsorgerliche Begleitung erst möglich wird.

Der erste und grundlegende Schritt ist das gelebte Zeugnis im Alltag. „Es kommt darauf an, im Umfeld, in dem wir leben, sehend und hörend dazusein, mit den Menschen ihr Leben zu teilen, sie anzunehmen, uns auf sie einzulassen, uns für sie zu interessieren, um ihnen jene Solidarität zu erweisen, die Jesus Christus in seiner Menschwerdung der Welt zuteil werden ließ."[7] Diese Haltung ist Voraussetzung jeglicher Art seelsorglicher Begleitung, das Fundament, ohne das sich die anderen Stufen der Begleitung nicht verwirklichen lassen. Die nächste Stufe ist die ausdrückliche Verkündigung der Frohbotschaft, wobei auch diese Verkündigung an eine wesentliche Grundhaltung der Seelsorger rückgebunden bleibt: Sie müssen leben, was sie verkündigen. Gelingt es Seelsorgern, in einer solchen Haltung, Menschen zu begleiten, dann kann die Zustimmung des Herzens folgen, die Bereitschaft, sich neu zu orientieren. Da der Mensch erst in der Gemeinschaft zu seiner vollen Entfaltung kommt, ist der Anschluß an die Gemeinschaft der nächste, notwendige Schritt. Der gemeinschaftliche Weg des Glaubens wird zeichenhaft in den Sakramenten. In ihnen darf der Mensch erfahren, daß Gott in entscheidenden Situationen seines Lebens da ist. Der letzte Schritt ist die Weitergabe des Glaubens. Wen das Wort Gottes in seiner Tiefe erfaßt hat, der ist zum Zeugnis befähigt.

Wenn man unter Seelsorge die im Bund Gottes helfenden und heilenden Beziehungen versteht, dann sind nicht nur Priester und hauptamtliche Mitarbeiter Seelsorgerinnen und Seelsor-

[7] Ebd. 97.

ger, sondern alle Christen. Dies ist vor allem vor dem Hintergrund der zunehmenden Überforderung hauptamtlicher Seelsorgerinnen und Seelsorger zu betonen. In dieser Situation kommt die Gemeinde als der „Ort" ins Blickfeld, unter deren Bedingungen Seelsorge sich ereignet. Je deutlicher Gemeinde ihr „Subjektsein" der Pastoral entdeckt und verwirklicht, desto umfassender kann die Kirche ihren Grundauftrag erfüllen. Dabei soll nicht der Unterschied zwischen den hauptamtlichen Trägern der Seelsorge und dem ehrenamtlichen Dienst verwischt werden. Soll Seelsorge verantwortlich getan werden, so ist auf umfassend ausgebildete Seelsorger und Seelsorgerinnen nicht zu verzichten. „Es ist die Balance zu halten, durchaus im Sinne eines katholischen ‚et … et', zwischen der Gemeinde als Träger der Seelsorge und der notwendigen Tätigkeit spezifisch ausgebildeter, hauptamtlicher Seelsorger."[8] Aber es sind eben auch die sogenannten Ehrenamtlichen unverzichtbar für die Seelsorge. Müller weist in diesem Zusammenhang auf die Möglichkeit der „Berufungspastoral" hin, in der Frauen und Männer in die Lage versetzt werden, die Pastoral und Seelsorge der Gemeinde mitzutragen. „Eine Berufungspastoral kann Formen der Befähigung, Begleitung und Beratung entwickeln und praktizieren – einschließlich der spirituellen Begleitung –, die dazu führen, in den Gemeinden vorhandene Begabungen und Kompetenzen zu fördern."[9]

2. Lebensbezogene Seelsorge im Altenheim

2.1 Die Situation im Altenheim

Die Chancen und Möglichkeiten dieses Ansatzes sollen nun am Beispiel der Altenheimseelsorge aufgezeigt werden. Dies scheint mir insofern auch angezeigt, als Altenheimseelsorge ein wenig populäres Feld der Seelsorge und Pastoral ist.

Ist Seelsorge im Altenheim notwendig? Diese Frage mag provozierend wirken, aber wenn wir sie auf einer ganz konkreten Ebene stellen, dann hat sie ihre Berechtigung. Dann stellen

[8] Ebd. 55.
[9] Ebd. 134.

wir fest, daß es zwar in vielen Gemeinden Altenheime gibt, daß sie aber als Aufgabe im Bewußtsein der Gemeinden kaum eine Rolle spielen.
Dabei läßt sich statistisch feststellen, daß jeder fünfte Bundesbürger die letzte Zeit seines Lebens in einem Heim verbringen wird. Das durchschnittliche Eintrittsalter liegt bei 82 Jahren und nimmt weiter zu. Der Gesundheitszustand ist für gewöhnlich stark beeinträchtigt, viele Bewohner haben gleichzeitig vier und mehr Krankheiten. Altenheime wandeln sich zunehmend in Altenpflegeheime, d.h. immer mehr pflegebedürftige ältere Menschen werden aufgenommen. Darüber hinaus läßt sich feststellen, daß die Verweildauer im Heim abnimmt: Altenpflegeheime werden also in zunehmendem Maß Sterbehäuser!
Was bedeuten diese Zahlen für die Seelsorge? Je älter ein Mensch ist und je mehr gesundheitlich beeinträchtigt er ist, desto schwieriger ist für ihn die Neueingewöhnung in eine fremde Lebenswelt. So gibt es eine Reihe von Konflikt- und Belastungssituationen im Heim, denen seine Bewohner und Bewohnerinnen ausgesetzt sind.[10] Die Konfrontation mit belastenden Aspekten des Alters wie Behinderung, Krankheit, Pflegebedürftigkeit und vor allem Verwirrtheit erschwert die Lebenssituation vieler Heimbewohner. Vielen Bewohnern fällt es schwer, überhaupt Kontakt zu ihren Mitbewohnern aufzunehmen und diesen länger aufrechtzuerhalten. Hinzu kommt, daß bei einem Zusammenleben vieler Menschen auf engem Raum Konflikte kaum vermeidbar sind. Eine häufige Folge ist, daß Heimbewohner den Kontakt zu ihren Mitbewohnern meiden, berechtigte Ansprüche zurückstellen und sich zunehmend zurückziehen.
Die Mitarbeiter werden zwar von den meisten Heimbewohnern als freundlich und hilfsbereit beschrieben, doch bei fast allen spontan von Bewohnern geäußerten Belastungen im Verhältnis zu den Mitarbeitern klingen Unbehagen oder gar Enttäuschung über fehlende individuelle Zuwendung und Betreuung

[10] Vgl. Kruse, A. u.a.: Konflikt- und Belastungssituationen in stationären Einrichtungen der Altenhilfe und Möglichkeiten ihrer Bewältigung. Stuttgart–Berlin–Köln 1992.

an. Viele pflegebedürftige Bewohner, vor allem jene, die nicht in ein ausreichend tragfähiges und stützendes soziales Netz eingebunden sind, benötigen und erwarten zur Bewältigung ihrer Lebenssituation im Heim die Unterstützung der Mitarbeiter. Hier wird der Wunsch der Bewohner nach persönlicher Ansprache und innerer Anteilnahme deutlich, den Pflegende allein in der Regel nicht leisten können.

Sehr schmerzlich erleben Heimbewohner fehlenden Kontakt zu Angehörigen. Manche Bewohner haben den Eindruck, daß die Angehörigen einen Besuch aus Desinteresse und mangelnder innerer Anteilnahme an ihrem Schicksal unterlassen. Sehr belastend wird der Tod von nahen Angehörigen erlebt. Vielfach bleibt eine Leere und Einsamkeit zurück, die besonders schwerwiegend ist, wenn die Kontakte des jetzigen Heimbewohners hauptsächlich auf seinen kranken Angehörigen konzentriert waren.

Für die meisten Heimbewohner stellt der Heimeinzug eine sehr schwierige Situation dar. Hierzu gehört die Aufgabe des eigenen Haushaltes und damit einhergehend der Verlust von allem, „was einem lieb und teuer war". Haben sie bis zum Heimantritt allein gewohnt und ihren Tagesrhythmus selbst bestimmen können, so ändert sich dies mit dem Heimeinzug häufig schlagartig. Für viele Heimbewohner besteht eine finanzielle Belastung aufgrund der Kosten des Heimaufenthalts, die trotz Pflegeversicherung in vielen Fällen bestehen bleibt. Müssen die Angehörigen für die Kosten aufkommen, so werden die alten Menschen häufig von schlechtem Gewissen und dem Gefühl des „Almosenempfängers" geplagt. Das Selbstwertgefühl kann unter diesen Umständen sehr leiden und zum Ausgangspunkt für Konflikte mit den Angehörigen werden.

Älterwerden bedeutet auch immer, sich mit Verlusten auseinanderzusetzen und von vielem Abschied nehmen zu müssen. Durch die Konfrontation mit ausschließlich alten Menschen werden Heimbewohner im besonderen Maße dazu veranlaßt, sich mit dem eigenen Älterwerden, zunehmenden körperlichen Behinderungen und der eigenen Endlichkeit auseinanderzusetzen. Das Gefühl, keine sinnvolle Aufgabe mehr zu haben und ein nutzloses Leben zu führen, ist eng verbunden mit dem Erleben, für niemanden mehr wichtig zu sein und von nieman-

dem geschätzt zu werden. Dieses Empfinden kann tiefe Verzweiflung auslösen und eine existentielle Krise hervorrufen. Durch das Miterleben qualvoller Leidens- und Sterbemomente anderer Bewohner wird die Bewußtwerdung der eigenen Endlichkeit und die Auseinandersetzung mit Sterben und Tod für manchen Heimbewohner zu einer erheblichen Belastung. Dabei steht die Angst vor einer langen Leidenszeit und einem quälenden Sterbeprozeß ganz deutlich im Vordergrund.
Ist Seelsorge im Altenheim notwendig? Ich habe die Situation im Altenheim deshalb so ausführlich geschildert, um deutlich zu machen, welche massiven Belastungen das Leben im Heim für den älteren Menschen bedeuten kann, gerade auch wenn er pflegebedürftig oder in seiner Beweglichkeit erheblich eingeschränkt ist. Das heißt nicht, daß alle oder eine Vielzahl von Heimbewohnern im gleichen Ausmaß diese Belastungen erleben. Es gibt eine große Zahl, die ihr Leben im Heim trotz vorhandener Beeinträchtigungen auf eine Art und Weise leben, die bewundernswert ist. Aber es gibt eben eine nicht geringe Zahl von Bewohnern, die in jener stillen und verborgenen Not leben, die von niemandem wahrgenommen wird. Hier hat eine „Pastoral der Wahrnehmung" ihren originären Ort.

2.2 Die seelsorgliche Begleitung älterer Menschen im Altenheim

Eine „Spiritualität der Wahrnehmung" kann die Situation älterer Menschen „tiefer" sehen. In Alten(pflege)heimen ergeben sich eine Reihe von Bedürfnissen, die ich „religiöse" bzw. „spirituelle" Bedürfnisse nennen möchte und die in erster Linie in den Aufgabenbereich von Seelsorgerinnen und Seelsorgern gehören. Diese Bedürfnisse – seien sie bewußt oder unbewußt – haben ihren Ursprung im Wesen des Menschen. Nach christlichem Menschenbild lebt der Mensch wesentlich von Gott her und auf ihn hin. Die Beziehung zu Gott ist für den Menschen nichts Nebensächliches, sondern das, was ihn in seinem Innersten trägt und prägt. So sind religiöse Bedürfnisse die Konsequenz des dem Menschen innewohnenden Impulses, sich auf Gott zu beziehen. Religiöse Bedürfnisse stammen aus der Erkenntnis, daß menschliches Leben begrenzt ist und daß der

Mensch zu etwas berufen ist, das über diese Grenze hinausgeht. Diese Bedürfnisse sind mit allen anderen menschlichen Bedürfnissen verwoben und betreffen alle Dimensionen menschlichen Lebens. Sie sind eng verwandt mit psychischen Bedürfnissen und können von ihnen oft nicht unterschieden werden. Was religiöse Bedürfnisse jedoch zu einer eigenen Kategorie werden läßt, ist, daß ihnen am besten (was allerdings nicht immer geschieht) durch religiöse Angebote entsprochen wird. Jeder Mensch hat religiöse Bedürfnisse. Durch Krankheiten, die häufig chronisch und irreversibel sind, und die Konfrontation mit der Realität des Todes, die beide im Alter zunehmen, treten sie stärker ins Bewußtsein.
Ein erstes religiöses Bedürfnis läßt sich mit den Begriffen Sinn, Zukunft und Hoffnung umschreiben. Angesichts von stark einschränkender und manchmal lebensbedrohender Krankheit ist es notwendig, eine Einstellung zu entwickeln und zu stärken, die dem Leben Sinn gibt. Das Leiden an einer Krankheit erfordert häufig eine psychische Reaktion, die weit über den körperlichen Schmerz hinausgeht. Bei einem Patienten, der an Krebs erkrankt ist, kann der Schmerz Furcht vor dem Sterben auslösen; bei einem Älteren, der an schwerer Arthritis leidet, bedeutet die eingeschränkte Bewegungsfreiheit zunehmende Abhängigkeit von anderen; für eine Person in einem frühen Stadium der Alzheimerschen Krankheit (Demenz) löst das Vergessen eines Namens oder das Verlegen einer Sache eine Fülle von bedrohlichen Vorstellungen aus. Wenn alles getan wurde, was getan werden konnte, muß der ältere Mensch irgendeine Absicht, einen Sinn oder etwas Gutes finden, das seine Krankheit erträglich macht. Es ist eine große Herausforderung, etwas Positives oder Bedeutungsvolles in Krankheit und Leiden, das chronisch und irreversibel ist, zu finden. In solchen Situationen ist die Realität des Lebens aus einer innerweltlichen Perspektive in der Tat schrecklich, sinnlos und unerträglich. Eine religiöse Perspektive erlaubt jedoch eine andere Antwort. Ein religiöser Mensch kann um Heilung beten, um innere Kraft im Leiden in dem Glauben, daß Gott an seiner Seite ist, der helfen will und helfen kann (Dtn 31,6; Ps 34,18; Jes 41,10.13). Die Heilige Schrift versichert dem älteren Menschen, daß in jeder Situation ein gutes Ende liegen kann und verhilft ihm

so, Hoffnung zu bewahren. Dem Begleiter muß an dieser Stelle bewußt sein, daß er eine religiöse Einstellung nicht herbeireden kann. Er kann Zeugnis geben und geduldig von seinem Glauben sprechen, wenn sein Gegenüber es zuläßt.
Körperliche Krankheit ist oft verbunden mit Verlusten in anderen Lebensbereichen: Verlust an Freiheit, sozialer Position, Familienbanden und Eingebundenheit in ein soziales Netzwerk. Diese Verluste können ein Gefühl der Zurückweisung, innerer Leere, Langeweile, Einsamkeit und Furcht vermitteln. Dies ist eine Zeit, in der Personen Bestätigung, Verstehen, Einfühlung, Trost, Liebe, Hoffnung und Wertschätzung brauchen. Daraus kann die emotionale Kraft erwachsen, den Kampf gegen Niedergeschlagenheit und Depression aufzunehmen und sich den Willen zum Leben zu erhalten. Religiöse Einstellungen und Aktivitäten können die Kraft vermitteln, solche schwierigen Zeiten durchzustehen.
Vielfältige gerontologische Forschung hat gezeigt, daß es für ältere Menschen wichtig ist, Kontinuität in ihrem Leben zu bewahren. Das bezieht sich sowohl auf die innere Kontinuität der Lebensgeschichte, als auch auf die äußere des sozialen Netzes. Die Übersiedlung in ein Alten(pflege)heim unterbricht häufig diese Kontinuität. Ältere Menschen verlieren dadurch ihr Zuhause und die familiäre Umgebung und müssen sich in die Routine des Heims einfügen, die ihnen nur wenig Selbstbestimmung läßt. Für viele ältere Menschen stellt ihr Glaube eine Quelle dar, aus der sie innere und äußere Stabilität erhalten. Das Neue Testament beschreibt Gott als den, der keinem Wandel unterliegt (Jak 1,17) und der verspricht: „Ich bin bei euch alle Tage, bis zum Ende der Welt.“ (Mt 28,20) Noch deutlicher drückt Jesaja die Botschaft aus, daß Gott zu seinem Volk steht, auch wenn es älter wird: „Ich bleibe derselbe, so alt ihr auch werdet, bis ihr grau werdet, will ich euch tragen.“ (Jes 46,4) In einer Welt, die sich ständig ändert, brauchen ältere Menschen etwas in ihrem Leben, das Kontinuität gewährleistet, von der Kindheit über frühes und späteres Erwachsenenalter bis hinein in die späten Jahre. Religion leistet dies für viele. Die Bibel ist dieselbe Bibel, die sie aus ihrer Kindheit kennen. Hymnen und Gebete bleiben dieselben und lösen oft dieselben tiefen Gefühle aus. Religion kann dazu dienen, inne-

re und äußere Kontinuität für ältere Menschen zu erhalten. Sie löst ein Gefühl der Hingabe aus und erhält ein Gefühl des Dazugehörens und Teil von etwas zu sein, das zeitlos ist und größer als man selbst.

Viele ältere Menschen vertrauen sehr auf Gebet, Schriftlesung, Rosenkranzgebet oder andere religiöse Verhaltensweisen, um mit den Beeinträchtigungen fertig zu werden, die das Alter mit sich bringen kann. Trotzdem und gerade deshalb brauchen sie Menschen in ihrer Umgebung, die solche Verhaltensweisen erkennen, unterstützen, wertschätzen und dazu ermutigen und nicht ignorieren, lächerlich machen oder entwerten. Ältere Menschen brauchen die Gelegenheit, an Gebet, Schriftlesung und Gottesdienst teilnehmen zu können. Sie brauchen Zeit zum Beten und – manchmal – eine Person, die mit ihnen betet. Sie brauchen die Gelegenheit, ihrem Seelsorger oder einem Gemeindemitglied begegnen zu können. Sie brauchen Zugang zu positiver und inspirierender religiöser Literatur, die ihrer Glaubenstradition entspricht, und vielleicht jemanden, der ihnen daraus vorliest. Sie brauchen die Möglichkeit, Sakramente empfangen zu können, ohne durch den Heimalltag gestört zu werden.

Die Erfahrung körperlicher Einschränkungen durch Krankheit, die Erfahrung, von anderen abhängig zu sein, die Erfahrung, nicht mehr selbständig leben zu können – all das kann das Selbstbild und Selbstwertgefühl des älteren Menschen stark beeinträchtigen. Schnell kann dann jemand das Gefühl entwickeln, nur noch eine Last zu sein, nutzlos und ohne Wert. Das christliche Menschenbild bietet eine Grundlage, auf der diesen Angriffen auf das Selbstwertgefühl begegnet werden kann. Der Mensch ist als Bild Gottes geschaffen (Gen 1,26-27). Es gibt nichts außer Gott allein, dem sich der Mensch letztlich zu verdanken hat. Aus dieser Beziehung erhält er seine Würde und Einzigartigkeit. Dies gibt dem Menschen seinen wahren und unverlierbaren Wert: „Ich habe dich bei deinem Namen gerufen, mein bist du!" (Jes 49,1)

Menschen brauchen das Gefühl, daß sie geliebt werden und liebenswert sind. Zu wissen, daß man angenommen, geschätzt und umsorgt ist, egal, ob man nützlich ist, ist wesentlich für psychische Gesundheit. Wenn Menschen ihren Selbstwert ausschließlich darin sehen, was andere von ihnen denken, werden sie anfällig für ein Wechselbad emotionalen Wohlbefindens. Zu wissen, daß er oder sie unbedingt von Gott geliebt wird, verhilft dem gebrechlichen älteren Menschen zu einem stabilen Selbstwertgefühl, das im Inneren verankert ist und nicht von den Wechselfällen in ihrer sozialen Umwelt abhängt.

Wenn körperliche Krankheit auftritt, gibt es eine natürliche Neigung, an Gott zu zweifeln und ihn in Frage zu stellen. Gefühle des Ärgers auf Gott und Entfremdung von ihm sind typisch für diese Zeit. Dem können Schuldgefühle und Scham folgen. Ein ganzes Buch im Alten Testament ist diesem Thema gewidmet (Ijob) und unterstreicht seine Bedeutung und Allgemeingültigkeit. Ältere Menschen jedoch werden solche Gefühle nicht freiwillig zulassen, wenn sie darin nicht unterstützt werden. Ein vorsichtiges Nachfragen verbunden mit der Betonung der Normalität und Angemessenheit solcher Gefühle gibt dem älteren Menschen die Erlaubnis, sie offen zu äußern. Wenn sie nicht ausgedrückt werden und in einer Atmosphäre von Toleranz und Verständnis durchgearbeitet werden, können solche Gefühle ernsthaft emotionale Gesundheit behindern und die Beziehung der Person zu Gott in einem Augenblick beeinträchtigen, wo sie mehr denn je gebraucht wird.

Körperliche und sonstige Beeinträchtigungen können eine Entwicklung in eine Richtung verursachen, in denen der einzelne sich als abhängig und bedürftig erlebt. Wenn in dieser Zeit eine Phase des Zweifelns und Haderns vorübergegangen ist, haben ältere Menschen das Bedürfnis, Gott nahe zu wissen und zu fühlen. Sie möchten ihn an ihrer Seite wissen, solidarisch und für sie einstehend. Dieses Gefühl, Gott nahe zu sein, kann durch Gebet, Lesen in der Heiligen Schrift, Teilnahme an Gottesdiensten oder durch die Beziehung zu einem Seelsorger oder Gemeindemitglied erreicht werden.

Andere Menschen lieben und ihnen dienen zu können ist ein weiteres religiös-spirituelles Bedürfnis. Es hat seinen Grund im Glauben an die bedingungslose Liebe Gottes für den Menschen und dem Wunsch, diese Liebe weiterzugeben. Erhalten ältere Menschen nicht mehr die Möglichkeit, anderen zu helfen und zu dienen, wird ihr Wohlbefinden darunter leiden. Körperliche Beeinträchtigungen und damit verbundene Hilfsbedürftigkeit vermitteln den Betroffenen häufig das Gefühl, zu nichts mehr nütze zu sein und somit für niemanden mehr etwas tun zu können. Dennoch lassen sich Freiräume finden, anderen – und sei es in kleinem aber entscheidendem Ausmaß – zu dienen: indem diese Männer und Frauen Freundlichkeit und Wertschätzung für das Pflegepersonal zeigen, indem sie die eigenen Familienmitglieder aufmuntern, indem sie den Problemen anderer Betroffener zuhören und so gut wie möglich mit Ärzten und Pflegepersonal zusammenarbeiten. Dies alles hilft, die Energie zu erhalten, die körperliche Krankheit abzuziehen droht.

Ein Teil des Prozesses, „Dinge in Ordnung zu bringen", ist für ältere Menschen, die einer ungewissen Zukunft entgegengehen, das Bedürfnis, Personen aus ihrer Vergangenheit zu vergeben. Alte Vorwürfe und Verletzungen müssen losgelassen werden. Entfremdeten Familienmitgliedern und Freunden, ob sie noch leben oder bereits gestorben sind, muß vergeben werden. Ähnlich fühlen Menschen Ärger gegen Gott, weil er es zugelassen hat, daß sie so krank wurden, weil er sie nicht heilt und weil er sie scheinbar verläßt, wenn sie seiner bedürfen. Auch Gott muß vergeben werden. Doch vergeben kann nur, wer sich in einer sicheren Beziehung weiß. Erst dann gelingt es ihm, all den Ärger zuzulassen, ihn wahrzunehmen, ihn zu erleiden – damit er erlöst wird.

Aber ebenso, wie es wichtig ist, vergeben zu können, brauchen ältere Menschen umgekehrt Vergebung. Manche Schuld mag über viele Jahre mitgeschleppt worden sein, Versäummisse in der Vergangenheit: Streit in der Familie, der zu Verletzungen und Zerwürfnissen führte, Fehler bei der Erziehung der Kinder, Abhängigkeit von Alkohol oder Medikamenten, Versagen im Berufsleben usw. Ältere Menschen brauchen Vergebung in diesen Bereichen, um die Vergangenheit hinter sich lassen zu können. Anderen vergeben zu können und selbst Vergebung zu finden setzt oft eine Energie frei, die bei der Bewältigung chronischer Leidenszustände hilfreich ist. Unser christlicher Glaube stellt einen religiösen Rahmen und Rituale bereit, die erlauben, zu vergeben und Vergebung zu empfangen.

Das schwierigste und vielleicht verborgenste religiös-spirituelle Bedürfnis des älteren Menschen ist die Vorbereitung auf

Sterben und Tod. Die Hinweise auf dieses Bedürfnis werden selten direkt, häufig aber indirekt gezeigt. Vieles von dem, was bisher ausgeführt wurde, kann so ein Hinweiszeichen sein: Vergeben und Vergebung erlangen, die Frage nach Sinn, Zukunft und Hoffnung auch als Frage nach dem Weiterleben nach dem Tod verstehen usw. Das Sakrament der Krankensalbung bringt hier – richtig verstanden und eingebettet in einen Kontext seelsorgerlicher Begleitung – häufig Erleichterung für die Betroffenen und sichtbare Entspannung.

2.3 Anforderungen an die Begleiter

Die Begleitung älterer Menschen in einem Alten(pflege)heim kann eine schöne, aber auch belastende Aufgabe sein. Wir haben es mit Menschen zu tun, die zum einen sehr dankbar sind, wenn sie besucht werden, die aber verletzlich sein können und durch ihr Schicksal mißtrauisch gegenüber der Umwelt. Sie befinden sich häufig in Situationen oder haben Probleme, die nach einer intensiveren Form der Zuwendung verlangen, als das in der „normalen" pastoralen Praxis angezeigt ist. Die Struktur der seelsorgerlichen Begleitung älterer Menschen kann mehr Flexibilität verlangen als bei anderen Begleitungsprozessen. Weil Verluste, Probleme und Bedürfnisse mit zunehmendem Alter sich mehren, kann es vorkommen, daß es keinen eindeutigen Abschluß des Begleitungsprozesses gibt und er unter Umständen so lange dauert, bis der Betreffende stirbt. Für Pfarrer bzw. andere für die Seelsorge Verantwortliche mit begrenzten Zeitmöglichkeiten kann die zeitliche Beanspruchung, die eine seelsorgliche Begleitung älterer Menschen erfordert, entmutigend sein. Denn soll wirklich die Begleitung einer Lebensgeschichte stattfinden, so sind regelmäßige Kontakte notwendig. Deshalb sollten ehrenamtliche Helfer in die Begleitung eingebunden werden, die über Lebenserfahrung und Gesprächskompetenz verfügen. Dabei ist allerdings unerläßlich, solche Christen und Christinnen ebenfalls regelmäßig beim Austausch zu begleiten.
Gibt es Ziele für seelsorgliche Begleitung älterer Menschen im Heim? Häufig wird es vorkommen, daß eine Begleitung einfach beginnt, ohne daß ein Ziel vereinbart oder ins Auge gefaßt

wird, weder beim Begleiter noch beim Begleiteten. Dennoch sollte der Begleiter ein Ziel im Bewußtsein haben, wenn er einen Begleitungsprozeß beginnt, auch wenn es sich im Laufe der Zeit ändert. Nur dann kann er auch volle Verantwortung für die Begleitung übernehmen. Das generelle Ziel einer seelsorglichen Begleitung älterer Menschen ist zu versuchen, die Zukunft im Lichte der Vergangenheit und Gegenwart aufzuhellen und mögliche Wege in diese Zukunft zu finden. Ältere Menschen neigen manchmal zu der Einstellung, keine Zukunft oder zumindest eine sehr begrenzte zu haben. Wenn Begleiter ältere Menschen als solche ansehen, die eine Zukunft haben – auch wenn sie im Dunkeln liegt – eine Zukunft, die die Vergangenheit zwar beinhaltet, aber auch übersteigt, und ihnen beistehen, nach dieser Zukunft zu suchen, dann hat das eine große Bedeutung.

Seelsorgliche Begleitung in diesem Sinne ist charakterisiert durch eine mündliche Vereinbarung, daß diese Begleitung stattfindet, durch die Art der Beziehung und die Zeit und den Ort, an dem sie stattfindet. Dabei bedarf es einer zugehenden Seelsorge. Viele Bewohner können nicht mehr an Gottesdiensten teilnehmen, sitzen in ihren Zimmern buchstäblich fest und haben keine Chance, mit dem Leben der Kirche in Kontakt zu bleiben, es sei denn, jemand kommt zu ihnen.

Was die inhaltliche Seite der Begleitung betrifft, können die Stufen des Glaubens sehr hilfreich und entlastend sein. Zuerst einmal bin ich als der da, der ich bin, mit meiner Glaubens- und Lebensgeschichte, mit meiner Persönlichkeit und nicht Träger einer Rolle. Es braucht einige Zeit, bis sich ein vertrauensvoller Kontakt aufgebaut hat. Dabei ist Verläßlichkeit entscheidend: Ich komme regelmäßig und pünktlich zur vereinbarten Zeit, denn ich weiß, daß mein Besuch eine wichtige Abwechslung im Heimalltag, ja ein wichtiger Zeitpunkt ist, der den Tag strukturieren hilft. Nach einer gewissen Zeit – es können drei, manchmal aber auch sieben oder acht Wochen sein –, wenn mein Gegenüber gemerkt hat, daß ich verläßlich bin, daß ich verschwiegen bin und daß ich mich auf ihn und seine Welt einlasse, beginnt er oder sie, von seinen Sorgen und Nöten zu erzählen. Was ihn bedrückt, aber auch, was ihn froh macht. Vieles wird in unseren Augen als Kleinigkeiten im Heimalltag erscheinen, aber für die Betroffenen kann es eine große Bedeutung haben. Es werden Belastungssituationen angesprochen, wie sie oben geschildert wurden. Dabei sind es vor allem zwei Dinge, die in dieser ersten Zeit angesprochen werden: Zum einen das Erleben des eigenen Älterwerdens, das Erleben der Tatsache, daß man nun ohne Fremde Hilfe nie mehr auskommen wird. Dieses Erleben kann oft tiefe Depression und Verzweiflung, seltener Wut und Auflehnung nach sich ziehen. Zum anderen ist es die Beschäftigung mit den Verwandten, das Gefühl des Abgeschoben- und Verlassenwordenseins. Entscheidend für den Begleiter ist es, diese Nöte in zweifacher Weise wahrzunehmen: Zum einen geht es um ein realistisches Anschauen und Annehmen der konkreten Gegebenheiten. Annehmen heißt, die Situation mit den Augen der Betroffenen zu sehen, zu akzeptieren, daß sie in diesem Moment verzweifelt, verletzt und hoffnungslos sind, ohne sie mit wohlmeinenden Worten und frommen Sprüchen umzuinterpretieren. Zum anderen verlangt seelsorgliche Begleitung ein „Mehr“ an Wahrnehmung, die – ohne das Vordergründige zu verharmlosen – das Hintergründige sieht, jene religiös-spirituelle Dimension, von der oben die Rede war. Dabei ist es immer mein Gegenüber, der oder die Thema und Tempo bestimmt. Häufig kommt es zu überraschenden Themenwechseln: Spricht ein Mensch im einen Augenblick über einen schweren Verlust, so kann er mich im nächsten Moment nach meinen Kindern fragen. Ich versuche, ihm zu folgen in seine Alltagsnöte, in seine Vergangenheit, in die schönen und schlimmen Tage. Die Lebensgeschichte spielt in diesen Gesprächen oft eine bedeutende Rolle. Immer wieder werde ich an den für ältere Menschen offensichtlich entscheidenden Punkt in ihrem Leben geführt, oft sind es schmerzhafte oder – meist nur angedeutet – schuldhafte Erlebnisse, wo es nun gilt, Versöhnung zu erreichen und die eigene Lebensgeschichte ein Stück weit abzuschließen. Darin ist oft auch das Erfahren der eigenen Endlichkeit und des nahen Todes eingeschlossen. Wenn unser Kontakt soweit gewachsen ist, dann erzählt mir der andere vielleicht von seinem Glauben, von seiner Hoffnung, aber auch von seinen Ängsten, was im Tod sein wird. Dann ist auch der Augenblick gekommen, wo ich von meinem Glauben erzählen kann und wir vielleicht mit-

einander beten können. An dieser Stelle ist die Stufe erreicht, wo eine Zustimmung des Herzens erfolgen kann. Als Seelsorger werden wir dabei immer erleben: Die Zustimmung können wir nicht „erreichen“ , nicht „machen“.
Was wir dem älteren Menschen in dieser Situation vermitteln können, ist, daß er nicht abgeschoben und nichts mehr wert ist. Und umgekehrt: Wenn wir uns auf die Welt der älteren Menschen einlassen, dann schenken nicht nur wir ihnen von unserer Zeit, sondern auch wir bekommen etwas geschenkt, nämlich die Erfahrung gelebten Lebens in all seinen Höhen und Tiefen. Dann sind wir die Beschenkten und Erfüllten. Dann erahnen wir, welcher Reichtum in einem Leben sich verwirklichen kann und was letztlich ein Menschenleben trägt. Diese Erfahrungen in das Leben einer Gemeinde einzubringen geschieht leider viel zu wenig. Denn gerade hier bestünde die Chance, auch die letzte Stufe des Glaubens zu verwirklichen: Zeugnis geben. Zeugnis geben dafür, wie Leben aus dem Glauben gelingen kann, wie Glaube tragen kann bis zum Ende.

Die Autoren

Valentin Döring, 1941, Dr. theol., Prälat, Universitätsassistent in Wien (1973–1976). Zunächst Domvikar und stellvertretender Leiter, ab 1983 Domkapitular und Leiter der Hauptabteilung Seelsorge und Geistl. Beaufragter für den Diözesanrat im Erzbistum Bamberg. Seit 1987 zudem u.a. stellvertr. Vorsitzender der BAG Kirchlicher Beratungsdienste. Seit 1994 Leiter des Katholischen Büros Bayern.

Heribert W. Gärtner, 1955, Dr. theol., Dipl. Psych. Wissenschaftlicher Assistent am Arbeitsbereich Pastoraltheologie der Universität Freiburg (1982–1987) Nach Tätigkeiten im Bildungsbereich und im Verbandsmanagement seit 1994/95 Professor für Management und Organisationspsychologie an der Katholischen Fachhochschule in Köln; derzeit Leiter ihres Fachbereiches Gesundheitswesen; Trainings- und Beratungstätigkeit in der Personal- und Organisationsentwicklung.

Werner Hahne, 1945, Dr. theol., Hauptschriftleiter der Zeitschrift Gottesdienst (1978–1983). Als Seelsorger, Erwachsenenbildner und Liturgiewissenschaftler tätig. Lehraufträge an den Universitäten Fribourg und Saarbrücken. Geistlicher Assistent des Schweizerischen Katholischen Kirchenmusik-Verbandes, Berater u.a. in der Liturgiekommission der Schweiz; derzeit Habilitation an der Universität Bonn.

Thomas Henke, 1960, Dr. theol., Wissenschaftlicher Assistent am Arbeitsbereich Pastoraltheologie der Universität Freiburg im Breisgau. Referent für Fortbildung in der Erzdiözese Freiburg, seit 1993 Leiter der AV-Medien-Zentrale der Diözese Eichstätt.

Ulrich Moser, 1960, Dipl.Theol., Dipl.Psychologe, Wissenschaftlicher Assistent am Arbeitsbereich Pastoraltheologie der Universität Freiburg. Lehrbeauftragter an der katholischen Fachhochschule Mainz. Seit 1995 Leiter des Heilpädagogischen Seminars an der Fachschule für Sozialpädagogik in Gengenbach.

Norbert Schuster, 1958, Dr. theol., Pfarrer von vier Gemeinden im Erzbistum Freiburg (1988–1996). Lehrbeauftragter für Homiletik am Arbeitsbereich Pastoraltheologie der Universität Freiburg und am Erzbischöflichen Priesterseminar Bamberg. Trainings- und Beratungstätigkeit in kirchlicher Personal- und Organisationsentwicklung; derzeit Habilitation an der Universität Freiburg.

Martin Wichmann, 1964, Dipl.Theol., Pastoralreferent und Fundamentaltheologe, arbeitet in zwei Pfarrgemeinden der Stadt Lahr, wissenschaftlich über das Theorie-Praxis-Problem und organisationsberatend in der Erzdiözese Freiburg.